다단계, 제대로 알아보자

다단계, 제대로 알아보자

초판 1쇄 발행 2024년 11월 22일

지은이 원흥선
펴낸이 장길수
펴낸곳 지식과감성#
출판등록 제2012-000081호

교정 한장희
디자인 서혜인
편집 서혜인
검수 주경민, 정윤솔
마케팅 김윤길, 정은혜

주소 서울시 금천구 벚꽃로298 대륭포스트타워6차 1212호
전화 070-4651-3730~4
팩스 070-4325-7006
이메일 ksbookup@naver.com
홈페이지 www.knsbookup.com

ISBN 979-11-392-2234-0(03320)
값 16,000원

- 이 책의 판권은 지은이에게 있습니다.
- 이 책 내용의 전부 또는 일부를 재사용하려면 반드시 지은이의 서면 동의를 받아야 합니다.
- 잘못된 책은 구입하신 곳에서 바꾸어 드립니다.

지식과감성#
홈페이지 바로가기

다단계, 제대로 알아보자

Multi-Level Marketing

원홍선 지음

네트워크마케팅으로 불리는 「다단계판매」

특히 꿈 많고 전도유망한 20대를 비롯해
다단계판매에 관심 있는 젊은 세대는 꼭 읽어 보기를 권한다.

지식과감성

Multi-Level Marketing

들어가는 말

들어가는 말

20대를 위해 다단계판매에 관한 책을 써 보고 싶다고 했을 때, 주위에서 한결같이 만류했다. 다단계를 권장하는 책을 쓴다고 여기는 것임을 표정에서 알 수 있었다. 다단계판매를 바르게 알리는 내용을 발간해 보고 싶다고 했더니 정반대의 반응이 나온 것이다.

1994년 다단계판매 방식이 법적으로 허용된 이후 지난한 과정을 거쳐 2023년을 기준으로 매출액 4조 9,606억 원, 업체 수가 112개에 이를 만큼 외형적으로 많은 성장을 해 왔는데도 다단계판매를 하는 사람들 중 다단계를 하고 있다고 자신 있게 말하는 사람은 왜 드문 것일까? 다단계라는 말만 꺼내도 상대방이 거리를 두고 고개를 돌리는 이유는 무엇일까?

네트워크마케팅으로 불리는 「다단계판매」.
다단계판매 업체나 판매원은 대체로 '다단계'라는 용어를 싫어한다. 일반인의 인식이 부정적인 데다 소위 피라미드를 연상시킨다고 보기 때문일 것이다. 대신에 네트워크마케팅이란 용어를 선호하고, 일각에서는 관련 법의 용어도 네트워크마케팅으로 바꾸어야 한다고 목소리를 높이기도 하지만 「방문판매 등에 관한 법률」에서는 아직 「다단계판매」로 규정하고 있다.

네트워크마케팅은 다단계판매와 다르다는 사람도 있다. 하지만 그것이 다른 영업 방식이라면 이에 관한 법률이 별도로 제정되지 않았을까 하는 생각도 든다. 모든 것을 떠나서 후원수당 지급의 메커니즘(mechanism)이 동일한 것만 보아도 네트워크마케팅은 곧 다단계판매를 뜻한다. 다단계판매의 종주국이라 할 수 있는 미국에서는 다단계판매를 어떤 명칭으로 부를까? AI 에이닷(A.)에게 물어보았다. Multi-Level Marketing(MLM), 곧 '다단계 마케팅'이라 불린다는 답변이 왔다.

이와 같은 연유로 이 책에서는 다단계판매 방식을 뜻하는 용어를 네트워크마케팅 대신 「다단계판매」 또는 이를 줄여서 「다단계」로 정의하여 사용한다.

다단계판매원으로서 최고 직급에 오른 성공 스토리도 있고, 이것저것 다 해 보았지만 다단계판매만큼 좋은 것이 없다는 사람도 있다. 소비자가 판매원이 되고 판매원이 소비자가 되는 과정을 연쇄적으로 거치면서 판매망을 확대시켜 나가는 가장 진화된 유통 방식이라고 내세우기도 한다. 네트워크마케팅의 이름을 빌려 나온 책도 많이 있는데, 장밋빛 제호(題號)들이 대부분이다. 이 책은 그런 책들과 결을 달리하여 다단계판매는 손쉽게 소득을 올리는 곳이 아니라는 점과 어느 분야보다 각고의 노력이 필요한 분야라는 점을 설명해 주고 있다.

특히 꿈 많고 전도유망한 20대를 비롯해 다단계판매에 관심 있는 젊은 세대는 시작하기 전에 꼭 읽어 보기를 권한다.

불법 다단계를 반드시 척결해야 하는 이유와 피해를 예방하는 방법도 다루고 있으며, 다단계판매를 부업이나 본업으로 하고 싶을 경우 시행착오를 최소화하면서 목표를 이룰 수 있는 대안도 제시하였다.

이 책은 다단계판매를 전면 부정하거나 폄하하지 않으며 세칭 '안티(anti) 다단계'를 대변하는 것도 아니다. 오히려 건전한 유통 방식으로 더욱 자리매김해 나가길 바라는 마음이다. 다만, 다단계판매를 알리는 내용 중 왜곡된 부분이 없기를 바라고 판매원을 늘려 나가는 방식도 정석대로 진행되어 나가길 고대한다.

보기에 따라서는 긍정적인 마인드로 열심히 다단계판매를 전개해 나가는 분들에게 일부 내용이 불편함을 줄 수 있겠지만 그분들을 폄훼할 의도는 전혀 없다. 기성 판매원도 한 번쯤 숨을 고르고 살펴보기를 권하고 싶다.

바쁜 중에도 감수를 맡아 준 홍유표 님과 자문에 응해 주신 한영복 님, 교정과 출판에 정성을 다해 준 한장희 님과 지식과감성# 출판사에 감사드린다.

2024년 11월
원홍선

목차

들어가는 말 • 7

1장
다단계판매의 속성

다단계판매란 • 16

다단계판매와 후원방문판매의 차이 • 19

다단계판매의 속성 • 23

다단계에 진입하는 동기 • 25

소중한 20대 • 29

2장
다단계판매로 많은 돈을 벌 수 있을까?

후원수당을 받은 판매원은 17.4%뿐? • 37

1인당 월평균 후원수당 11만 원 • 41

다단계판매 회사는 돈을 벌까? • 47

합법적인 다단계회사는 모두 안전할까? • 50

다단계판매와 신(新)유통시스템 • 58

후원수당 지급 방식 • 65

PV와 후원수당 • 73

후레시아웃(Flush-Out) • 76

사재기 가능성 • 79

떴다방과 조직 이탈 • 87

유명 인사의 어록과 다단계 • 90

피해자이면서 가해자가 될 수도 있다 • 95

대표적인 세 가지 규제 • 98

언택트 시대와 다단계 • 109

파레토 법칙, 부자 아빠 • 112

소비자마케팅과 프로슈머 • 116

4차 산업혁명과 다단계마케팅 • 123

다단계판매와 블루오션 • 129

3장
불법 다단계는 폭망의 길

유사수신행위 • 137

전형적인 불법 다단계 • 147

불법 코인 다단계 • 155

4장
다단계판매를 하고 싶다면

세 가지 권고 • 173

쓸 만한 다단계회사 고르기 • 178

멘탈(mental) 가다듬기 • 188

네 가지 필수 준비 • 192

효율적인 초청 • 196

창의적 설명(briefing) • 200

후원과 복제(reproduction) • 205

팀워크 리더십 • 207

맺음말 • 217

부록 • 221

Multi-Level Marketing

1장
다단계판매의 속성

다단계판매란

여러 단계에 사람을 가입시켜 판매하는 것을 다단계판매라고 한다는데, 구체적으로 어떤 방식에 의해 이루어지는 것을 의미하는 것일까?

공정거래위원회 예규 235호에서는 다단계판매의 개념을 다음과 같이 보여 주고 있다.

⋯ 다단계판매의 개념적 구성 요소

- 판매업자에 속한 판매원이 특정인을 해당 판매원의 하위판매원으로 가입하도록 권유하는 모집방식이 있을 것
- 이러한 모집방식에 따른 판매원의 가입이 3단계 이상 단계적으로 이루어질 것
- 위와 같이 판매원을 단계적으로 가입하도록 권유하는 데 있어, 다른 판매원들의 재화 등의 거래실적, 조직관리 및 교육훈련 실적에 따른 경제적 이익의 부여가 유인(誘引)으로 활용된다는 점이며, 다단계판매란 이러한 다단계판매 조직을 통하여 재화 등을 판매하는 것을 말한다.
- 예시: 아래의 〈그림 1, 2, 3〉의 각 '후원수당' 흐름도는 판매업자가 판

매원에게 지급하는 후원수당이 다단계판매원 자신의 판매실적에 따라 받는 것 외에도 자신의 직근 하위판매원 또는 차직근 하위판매원의 판매실적에 따라 지급받을 수 있음을 설명하는 것이다.

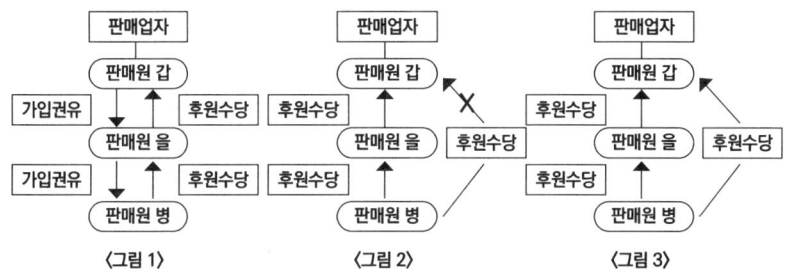

〈그림1〉은 다단계판매의 일반적 개념이고, 다단계판매업자가 다단계판매원 〈그림2〉의 "갑"에게 지급하는 후원수당의 지급 방식이 직근 하위판매원 〈그림2〉의 "을"이 아닌 하위판매원〈그림2〉의 "병"의 판매실적에 영향을 받지 않는 것으로 정해져 있는 경우도 다단계판매에 해당한다.

다단계판매업자가 다단계판매원 〈그림3〉의 "갑"에게 지급하는 후원수당의 지급 방식이 직근 하위판매원 〈그림3〉의 "을"과 그 차하위판매원 〈그림3〉의 "병"의 판매실적에 영향을 받는 것으로 정해져 있는 경우도 다단계판매에 해당한다.

⋯ 다단계판매원

다단계판매원은 판매업자로부터 판매원의 수당에 영향을 미치는 다른 판매원들의 재화 등의 거래실적, 조직관리 및 교육훈련 실적 등에 따른 후원수당을 지급받아야 하므로, 하위 다단계판매원을 모집하여 후원수당을 지급받을 자격을 가질 때 진정한 다단계판매원의 지위를 갖는다고 볼 수 있다.

다단계판매원으로 가입하려는 사람은 등록신청서를 다단계판매업체에 제출하여 등록하여야 하고 다단계판매 업체에서는 '다단계판매원 수첩'을 발급하게 되어 있다.

이 수첩에는 후원수당을 산정 및 지급 기준, 하위판매원의 모집 및 후원에 관한 사항, 반품 및 판매원 탈퇴에 관한 사항, 다단계판매원이 지켜야 할 사항 등이 담겨 있다.

다단계판매와 후원방문판매의 차이

다단계판매와 비슷하게 보일 수 있는 판매 방식으로 후원방문판매가 있다.

어떤 사람은 후원방문판매가 낫다고 하고 어떤 사람은 다단계판매가 좋다고 한다.

'후원'이라는 용어를 다단계판매에서도 사용하고 후원방문판매에서도 사용하여 얼핏 영업 방식이 비슷해 보일 수 있지만, 큰 틀에서 보면 후원수당 지급 방식으로 구분된다.

다단계판매는 후원수당 지급의 단계에 제한이 없는 반면, 후원방문판매는 1단계 이내에서만 허용된다.

또한 모두 시·도 등록을 통해 설립되지만 설립 자본금에 있어서 다단계판매는 5억 원 이상이어야 하는데 후원방문판매는 제한이 없으며, 후원수당의 상한선도 35%와 38%로 다르다.

공정거래위원회의 규제 자료를 중심으로 좀 더 구체적으로 다단계판매와 후원방문판매의 차이점을 알아보자.

구분	규제사항	다단계판매	후원방문판매
요건	수당 지급	후원수당 단계 제한 없음	후원수당 1단계 이내
의무 사항	자본금의 규모	5억 원	없음
	①소비자피해보상 보험계약 체결	의무사항	의무사항
	②후원수당 지급상한	총매출액의 35% (부가세 포함)	총매출액의 38% (부가세 포함)
	③판매상품 가격상한	200만 원 초과 재화 판매 금지	200만 원 초과 재화 판매 금지
예외	최종소비자 판매 비중 70% 이상 시 면제	미적용	적용 (①②③ 면제)

('방문판매법 시행령 개정안 입법예고' 공정거래위원회 보도자료 2024. 4. 23.)

* 다만, 전자거래 방식 후원방문판매의 경우 최종소비자 판매비중과 무관하게 3대 규제 면제 불가
* 판매가격 가격상한 공정거래위원회는 2024년 4월 23일 다단계·후원방문 판매의 개별재화 가격제한을 160만 원에서 200만 원으로 상향하는 방안을 입법 예고하였다. 이 책에서는 이 점을 참조하여 개별재화 가격제한을 200만 원으로 표기한다.

위의 표 하단의 '예외'가 뜻하는 것은, 후원방문판매도 하위판매원의 거래실적에 연동된 후원수당을 지급받고 상위 직급일수록 높은 비율의 수당을 받으므로 판매원 모집과 승급에 대한 유인이 있다는 점에서 다단계판매와 본질적으로 유사하다는 것이다.

이에 따라 후원방문판매도 후원수당 지급액 상한(38%), 개별 상품가격 상한(200만 원), 소비자피해보상보험 체결의무(이하 '3대 의무') 등 다단계판매의 핵심적인 규제를 동일하게 적용받게 된다. 다만, 후원수당 지급단계가 1단계 이하이므로 무리한 조직 확장 우려는 상대적으로 적다는 점을 감안하여 최종소비자 판매 비중이 70% 이상으로 높은 경우에는 3대 의무가 면제된다.

후원방문판매 방식이 다단계판매에 비해 완화된 수준의 규제를 적용받는 점을 악용하거나 교묘하게 이용하여 실제로는 다단계판매를 하면서 후원방문판매로 위장하는 경우가 있는 점은 유의할 필요가 있다.

방문판매나 후원방문판매로 등록하고 다단계 영업을 한 몇몇 적발 사례를 살펴보자.

2023년 8월 30일 연합뉴스에 의하면, 서울시 민생사법경찰단이 3개 업체를 미등록 다단계 영업행위 혐의 등으로 적발해 검찰에 송치하였다.

방문판매업체 A사는 관련 업계 SNS(사회관계망 서비스)의 인플루언서들을 최상위판매원 자격으로 계약하고 이들의 팔로워들을 대상으로 회원을 모집하였다. 처음에 330만 원 상당의 제품 1세트를 구입하면 셀러 자격을 주고 하부 라인을 많이 모집하여 매출이 늘어나면 승급되고 수당도 많이 받을 수 있다고 유인하여 7단계에 이르는 다단계판매 조직을 갖추고 부당한 매출을 올렸다.

후원방문업체 B사는 준회원부터 상무까지 7단계 구조의 판매 조직을 통해 약 71억 원에 달하는 화장품을 부당 매출하였다.

수사에 착수하기도 전에 영업장을 폐쇄하고 회원 조직에 대한 자료를 폐기하는 등 수사망을 빠져나가려 했지만 금융거래 IP를 추적하는 등 수사를 통해 대표 외에도 배후에서 범죄를 기획한 몸통(상선)이 따로 있다는 사실을 추가로 특정해 범죄혐의 전모가 밝혀졌다.

C사는 매출이 떨어지자 매출증대 효과가 큰 다단계 수당 지급 기준을 마련해 전국 5개 센터 중심으로 시행하며 비타민제 등 건강기능 식품을 다단계 방식으로 판매했다. 후원방문판매는 후원수당 지급이 1단계로 정해져 있어 신규회원 모집에 한계에 부딪혀 다단계 수당을 지급한 것이다.

또한 공정거래위원회는 2024년 4월 후원방문판매업자 A사에 대해 사이버몰(온라인 쇼핑몰)을 이용한 미등록 다단계 영업행위를 시정하도록 하였다고 발표하였고, 이 회사는 심사 과정에서 해당 사이버몰의 운영을 중지하였다.

공정위 자료에 따르면 2022년도 기준 후원방문판매업자 5,594개사 중 매출액 기준 10위 사업자인 이 회사는 후원방문판매 등록 후 다단계 판매 조직을 이용하여 사이버몰을 통해 상품을 판매하였다.

후원수당이 직근 상위 1단계 판매원만이 아닌 그 이상의 판매원들에게 지급되는 경우 다단계판매에 해당되지만 소속 판매원이 특정인을 자신의 하위판매원으로 가입하도록 권유하는 모집방식을 3단계 이상 다단계로 갖추고 자신의 실적이 아닌 다른 판매원의 실적에 연동한 후원수당을 지급하였다.

후원방문판매에 비해 다단계판매는 하위판매원의 실적에 대해서도 수당을 지급받고, 차하위판매원 실적에 대해서도 후원수당을 지급받으므로 돈을 많이 벌 수 있는 것으로 보일 수 있는데, 과연 그런지 하나씩 알아보기로 하자.

다단계판매의 속성

　다단계판매는 누군가가 자신의 다운라인(down-line)이 되어 제품을 구입하는 것을 전제로 나에게 수입이 발생하는 구조를 갖고 있다. 누군가를 도와주어 내가 발전한다는 이타(利他)의 논리를 펴기도 하지만, 바꾸어 말하면 누군가가 자신의 다운라인이 될 때 내가 발전하는 개념으로서 일반적인 유통구조에서는 보기 힘든 독특한 시스템이다.

　몇 명의 사람만 데리고 오면 특별한 노력의 대가 없이도 돈을 벌 수 있는 매력적인 일이라는 말은 다단계를 왜곡하여 유인하는 말이다. 이에 이끌려 다단계에 동참하는 사람도 있다. 본인 밑에 몇 명의 사람만 데려오면 그 몇 명이 다시 몇 명의 사람을 데려오면 된다는 말이지만 그들을 모두 활동적인 상태로 계속 뻗어 나가게 하는 것은 말처럼 용이하지 않다. 여기에서 말하는 활동적인 상태란 본인의 다운라인(down-line) 판매원들이 제품을 구입하고 사용하는 사람을 계속해서 모집하는 것을 말한다. 이 말은 다단계를 올바로 이해하는 데 있어서 매우 중요한 것이어서 앞으로도 반복하여 언급하게 될 것이다.

　다단계는 하위판매원(down-line)의 실적이 상위판매원(up-line)에게 영향을 미치면서 이익을 배분해 주는 구조와 속성을 지니고 있는데,

아래 단계에서 제대로 실적이 나오지 못하면 후원수당 산정 기준을 충족하기 위해 때로는 모자라는 실적을 대신 채워 주는 방법이 등장하기도 하였다. 물론 정상적인 방식이 아니다.

다단계판매는 자신의 다운라인이 많을 때 비례하여 많은 소득이 발생하게 되는데 조직 확장이 뜻대로 안 될 경우에는 한계에 부딪힐 수 있다. 그러다 보면 시간이 갈수록 하위판매원 수는 많지만 조직의 마디마디가 비활동적인 판매 조직으로 머무는 현상이 빚어질 수 있다.

다단계판매는 시장 경제의 원리에서 벗어나 공개적으로 제품 경쟁이 이루어지지 않는 특수한 구조를 갖고 있으며 판매원 간의 인적 관계를 통해 판매가 이루어진다. 다단계업체에서 자체적으로 제품을 기획하고 출시하는 경우를 볼 수 있는데 일반 유통시장처럼 수요와 공급의 원칙이 성립되지 않으므로 제품의 채택과 품질의 평가가 업체의 주관에 따라 이루어지는 속성이 있다. 생산과 공급, 소비 과정이 비타협적이고 배타적인 것이다. 시장 경쟁을 통해 생산과 공급이 조절되는 기능은 없다고 보는 것이 타당한 반면 다단계판매 조직을 통해 제품이 유통되고, 판매 조직이 확대되면 유통도 비례하여 확대되는 구조를 갖고 있다.

이것을 두고 제품의 공급자와 소비자(판매원)가 윈윈(win-win)하는 방식이라고 하는가 하면 한편에서는 제품 판매가 다단계 조직을 확장하는 것과 맞물려 있다고도 한다.

다단계에 진입하는 동기

다단계판매에 진입하는 이유를 대체적으로 어디에서 찾을 수 있을까? 사람마다 제각기 여건과 사정이 다르기 때문에 획일적으로 그 이유를 단정할 수 없지만 대략 다음과 같은 몇 가지를 생각해 볼 수 있다.

미성년자만 아니면 나이도 학력도 성별도 아무런 문제가 안 되며 누구든지 돈을 벌 수 있다는 말은 다단계에서 사람을 불러들일 때 애용하는 말인데 이 같은 말에 솔깃하여 다단계판매에 진입하는 사람도 있다. 이 과정에서 "큰 노력이나 어려움 없이 소득을 올릴 수 있다."라는 말을 하는 사람도 등장하는 경우가 있는데 이런 오보는 손쉽게 돈을 벌 수 있다는 생각을 갖게 한다. 다단계에서 돈을 벌기 위해서는 어느 분야 못지않게 많은 노력이 수반된다.

심심풀이로 다단계판매에 진입하는 사람은 아마 없을 것이다. 경제적 생활 여건을 다단계판매로 보상받을 수 있지 않을까 하는 생각에 진입을 고민하기도 하고, 어떤 단체나 직장에 소속되어 보지 못한 사람들에게는 여러 판매원들과 같은 공간에서 활동함으로써 소속감과 유대관계를 느끼게 해 주기도 한다. 하지만 이런 느낌은 느낌일 뿐, 다단계는 하위판매원과 판매 조직을 확대해야만 소득을 올리게 된다. 이 과정에서 사람을 늘려 나가야 하는 스트레스를 받기도 하고 올바른 방법을 사용하지 않으면 인간관계를 그르칠 소지도 있다.

몇 사람만 데려오면 저절로 잘될 것이라는 잘못된 정보가 지나친 낙관으로 흐르게 하기도 한다.

다단계에 진입하는 가장 큰 동기는 뭐니 뭐니 해도 경제적 보탬을 얻기 위한 것이 아닐까? 누구나 돈 욕심을 갖는 것은 자연스러운 현상이기 때문에 탓할 일은 아니다. 문제는 작든 크든 본인이 성실하게 노력한 만큼의 대가를 받고자 하는 선을 넘어 편하게 돈을 벌 수 있다는 달콤한 말에 몸이 따라가는 경우가 있다는 점이다. 꼭짓점에 있는 판매원은 돈을 많이 번다는 얘기를 들으면 경제적 여건이 풍족하지 않을수록 관심이 커진다. 그런 생각이 자라나면 언젠가 나도 최고 직급의 반열에 들어 많은 소득을 올릴 수 있을 것이라는 기대를 갖게 된다.

다단계를 하면 주위로부터 곱지 않은 시선을 받게 될 것이라고 우려하고 망설이다가 후원수당을 많이 받는 상위판매원의 지위에 도달하면 그런 인식을 불식시킬 수 있을 거라고 자신을 다독거리는 경우도 있다.

다단계판매야말로 4차 산업혁명의 꽃이고 최첨단 마케팅 기법이며 이 시대의 트렌드(trend)라는 수려한 셀링 포인트(selling point)에 설득되어 지금까지 알고 있던 것과는 다르다고 생각하며 동참하기도 하는데 사물에 대한 반응이 빠른 젊은 층은 더 쉽게 다가설 수 있다. 누구나 성공할 수 있고 돈을 벌 수 있다고 심금을 울리는 강사의 외침에 순간적으로 감동을 받기도 하며, 일을 시작하면 하위 판매 조직이 알아서 가지치기를 해 나갈 것이라는 생각도 갖게 된다. 하지만 판매 조직은 절대로 알아서 뻗어 나가지 않으며 생필품 구입만으로 기대한 만큼의 돈을 벌기도 쉽지 않음을 알아야 한다. 몸에 좋은 건강식품도 많다고 하니 다단계판매를 하면 소득도 올리고 건강도 챙길 수 있을 것이라고 생각하는 경우도 있지만 건강식품은 오프라인, 온라인 할 것 없이 주위에서 많이 볼 수 있다.

불법 다단계가 아니고 합법 다단계라면 돈을 많이 벌 수 있다고 생각하기 쉬운데 합법이 돈을 그냥 벌어다 주는 것은 아니다. '합법'은 판매원과 소비자의 피해를 최소화하기 위한 장치를 법으로 규정해 놓은 것일 뿐 합법이 다단계를 옹호하는 것으로 오인해서는 안 된다.

다단계에 올인(all in)하는 것은 부담이 될지 모르지만 부업으로 하면 괜찮을 것이라고 여기고 진입하는 경우도 있는데 욕심내지 않고 부업으로 시도해 보는 것은 큰 무리가 없을 것이다. 하지만 '부업 다단계'는 겸직으로 인한 문제가 발생되기도 하는데 여기에 대해서는 따로 다루기로 한다.

인세와 같은 권리 수입을 평생 받게 된다는 말에 반색하기도 한다. 다단계를 하면 자신이 만들어 놓은 판매 조직을 통해 저작권료와 비슷한 인세 수입이 평생 따라온다는 말로 다단계에 진입할 것을 권유하는 사람도 있는데 과연 그렇게 될지 생각해 보아야 한다. 만일 80세가 되도록 다단계판매를 하고 있는 사람이 있다면 지금까지 후원수당을 인세처럼 꼬박꼬박 받고 있는지 물어보고 싶다. 인세 수입은 건물 소유주의 임대료 수입이나 유명 작곡가의 저작권료 수입 같은 것에 해당될지 모르지만 다단계를 통해 평생 끊기지 않고 인세 수입을 받기는 쉽지 않다. 논리적으로 불가능한 것은 아니겠지만 쉽지 않다.

다단계판매에 접근하는 동기는 대개 친구나 선배를 통해서이다. 한국금융투자자보호재단 자료에 의하면, 전혀 모르는 사람에게 금융사기를 당하는 경우는 12.7%에 불과하고 87.3%가 아는 사람에게 당하는 것으로 밝혀졌다. 그렇다고 해서 다단계판매를 금융사기와 동급으로 빗대어 말하는 것은 아니다. 다단계판매도 주로 아는 사람을 통해 진입하는 경우가 많다는 것을 말하고 싶은 것이다. 공정거래위원회 발표 내용에 의하면 다단계판매를 시작하게 되는 경로는 온라인(on-line) 활성화에도 불구하고 친구 45%, 선배 33%, 후배 2% 등 지인에 의한 비율이 80%였다.[1]

20대도 예외가 될 수는 없을 것이다. 인간관계에서 형성된 관계 때문에 친구나 선배의 권유와 소개를 거절하는 것이 쉽지 않지만 자칫 다른 후배나 친구에게 이미지를 손상시킬 수 있다. 좋은 제품을 가까운 사람에게 소개하는 일이 연쇄적으로 이루어지면 성공할 수 있겠다고 생각하고 의욕적으로 시작할 수는 있지만, 기대했던 만큼 잘 안되면 경제적 정신적 압박을 받을 수 있다. 또한 동참 제안을 거절당하면 다단계를 잘 알지 못하는 상대방이 "누구는 다단계를 한다."라며 좋지 않은 소문을 퍼뜨려 난감한 상황에 놓일 수도 있다.

---

[1] 구자홍, 왜 사람들은 사기에 잘 걸려드나 "男은 '욕망', 女는…", 주간동아 1162호, 2018. 11. 3.

소중한 20대

다단계로 인해 피해를 본 사람들의 뉴스를 때때로 접하게 되는데, 20대 청춘들이 피해를 보았다는 뉴스는 더욱 가슴을 아프게 한다. 기성세대의 유혹에 빠져들었다가 피해를 보는 것으로 생각되기 때문이다.

⋯ 뉴스가 끊이지 않는 피해 사례

요즘도 '다단계 피해'로 검색하면 피해 사례가 우수수 뜬다. 대부분 불법 다단계로 인해 피해가 발생한 경우이다.

- 은퇴자 '돈' 노린다⋯테헤란로 일대 다단계 급증(SBS BIZ, 2024. 8. 5.)
- 5천억 원대 코인 다단계 대표 구속 기소(TV CHOSUN 뉴스, 2024. 8. 10.)
- "도시가스 투자해 300% 이익 보장"⋯다단계 총책 징역 1년 4개월 선고(TV CHOSUN 뉴스, 2024. 7. 29.)
- "투자 시 배당금 2배 주겠다"⋯ 다단계 피해 속출(중부일보, 2024. 8. 19.)
- 20·30대 파고드는 다단계의 검은 손(주간경향, 2020. 12. 21.)
- 2030세대에 부는 가상화폐 광풍⋯ 서울시, 가상화폐 다단계 사기 주의보(세계일보, 2021. 4. 22.)

- 노동 가치 하락의 시대, 다단계가 2030을 유혹한다(경향신문, 2021. 1. 21.)
- "좋은 제안 드립니다"…취준생 노리는 SNS 다단계 마케팅(스냅타임, 2021. 3. 28.)

잊을 만하면 뉴스의 한 페이지를 장식하는 언론 보도의 헤드라인들이다.

피해를 입은 사람 중 직장인이거나 사회 초년병, 취업준비생, 대학생인 20대 피해자는 어떻게든 경제적 돌파구를 찾다가 피해를 입은 예가 많아서 안타까움을 더해 주고 있다.

… 깊이 생각해 보고 접근하길

청년이 불안정한 근로 환경에 있거나 취업난이 심할수록, 기대치보다 적은 소득이 주어질수록 다단계에 쉽게 접근하게 된다고 한다.

어떤 곳에서는 '20대가 좋아하는 다단계회사'라고 SNS(Social Networking Service)를 이용해 홍보하는 업체도 있다.

요즘은 젊은 세대뿐만 아니라 일반인을 대상으로도 SNS를 통해 다단계판매원을 모집하는 방법이 다양하게 시도되고 있다. 코로나 사태 이후 대면 기회가 줄어들면서 SNS를 활용하여 판매원을 모집하는 방법이 일반화된 것으로 보인다.

SNS를 통해 다단계판매원을 모집하는 것을 나쁜 방법이라고 할 수 없으며 비난받을 이유도 없다.

다만, 상대방의 게시물에 댓글을 달거나 메시지를 보내어 무료 체험

기회를 제공하겠다고 하고 직접 만나서 다단계를 설명하는 것까지 문제 삼을 수는 없겠지만, 리뷰를 게시해 주면 돈을 주겠다든지 안정적으로 고정 수입이 발생한다든지 하는 등의 방법을 통해 다단계로 진입을 유도하는 사례는 주의를 기울일 필요가 있다.

20대 청춘들이 불법 다단계판매 시장에서 많은 피해를 입어 왔지만 그렇다고 합법 다단계판매는 그들에게 권장할 만한 일인지 궁금하다. 다단계판매를 통해 돈을 벌 수 있는지 물어보는 그들의 질문에 기성세대는 그렇다고 할 수 있을까. 20대 젊은 자녀를 둔 부모들에게 묻고 싶다. 만일 당신의 자녀가 다단계를 하고 싶다면 환영하고 권장할 것인가? 다단계를 시키고 싶다는 부모가 몇이나 될지 궁금하다.

"요행을 바라는 일은 게임이라도 피하자." 미국 제20대 대통령 '제임스 가필드'의 말이다. 다단계판매가 요행을 바라는 일이라는 얘기는 아니다. 다단계를 시작하면 내 밑에 수많은 판매원이 달라붙게 되어서 수입이 저절로 발생한다는 말 따위에 빨려드는 요행은 바라지 말아야 한다는 것이다.

⋯ 좀 더 가치 있는 일을

무슨 일이나 마찬가지이지만 가벼운 마음으로 접근하지 말고 자신의 미래 모습을 그려 보면서 다단계판매보다는 자신에게 좀 더 가치 있는 일, 사회·공동체에 기여할 수 있는 일로 방향을 바꾸어 주길 20대 청춘들에게 당부하고 싶다. 전문직의 길로 갈 수도 있고, 아이디어를 다듬어

빛나는 창업의 길로 나설 수도 있을 것이다.

현실에 불안해하거나 안주하지 말고 저마다 멋진 버킷리스트를 만들어 도전해 보길 바란다. 다단계판매가 아닌 방향으로 눈길을 돌려서 다양한 활동과 경험을 통해 역량을 키워 나가는 20대가 되었으면 한다. 주변에 노력을 기울여 가며 전념할 만한 일은 많이 있고 수많은 가능성이 기다리고 있다.

다단계판매 업체에도 20대 청춘을 겨냥한 홍보 활동을 지양하길 바라고 싶다. 그렇게 하지 않아도 리쿠르팅(recruiting) 대상은 많을 것이다.

직접판매공제조합과 한국특수판매공제조합의 2020년 연차보고서에 따르면 다단계판매원들의 연령별 비율에서 20대는 6%였고, 2022년 3월 25일 자 한국공제보험신문이 보도한 직접판매공제조합의 2022년 조합 건별 보증자료상 29세 이하는 6%였다고 한다. 그 이후 통계가 명확하지 않지만 이렇게 보면 대략 다단계판매원의 6% 정도가 20대 정도인 것으로 추정된다. 전체 공정위 집계 다단계 등록 판매원 720만 명의 6%인 43만 정도가 20대인 셈이다.[2][3]

20대라고 다단계를 하지 말라는 법은 없다. 다단계를 통해 괜찮은 후원수당을 받는 20대 판매원도 있을 수 있고 나름대로 다단계에 뜻을 둔 20대도 있을 것이다.

다단계판매는 좋지 않은 방식이라는 게 아니라 신중을 기하는 것이

---

[2] 두영준, 벼랑 끝 중장년, 다단계서 취업 기회 잡는다, 한국마케팅신문, 2021. 8. 27. (www.mknews.kr/view?no=34194#none)

[3] 홍정민, 다단계 오해 푸는 '직접판매공제조합', 한국공제보험신문, 2022. 3. 25. (www.kongje.or.kr/news/articleView.html?idxno=2064)

좋겠고 아직 가야 할 길이 넓고 많은 만큼 좀 더 높은 곳에 가치를 두고 한 번쯤 다시 생각해 보기를 권고하고 싶다.

  아까운 청춘을 바쳐 몇 년간 다단계판매를 한다고 하자. 열심히 노력해서 많은 다운라인이 갖추어지고 판매 조직이 활발하게 가지치기가 되면서 꾸준히 돈을 벌 수 있다면 정말 다행이지만, 자칫 그 기간에 다단계판매 대신 다른 분야에 종사할 경우의 이득을 상실할 여건에 놓일 수 있다는 점에 유의하여야 한다.

Multi-Level Marketing

2장

다단계판매로 많은 돈을 벌 수 있을까?

다단계판매를 통해 큰 기복 없이 한 달에 얼마 정도의 후원수당을 받으면 나름 성공했다고 볼 수 있을까? 다단계로 한 달에 어느 정도의 소득을 올리면 긍지를 가질 수 있고 '이 정도면 다단계로 성공했다'라고 할 수 있는 것일까?

저마다 기준이 다르겠지만, 중위소득(Median Income, 中位所得)을 기준으로 삼아 보자. 중위소득은 전체 가구에서 소득을 기준으로 중간에 위치하는 가구의 소득을 의미한다. 다음은 보건복지부에서 고시한 2025년 중위소득 선정 기준이다.

보건복지부 고시 2025년 기준 중위소득 선정기준

구분	1인 가구	2인 가구	3인 가구	4인 가구	5인 가구	6인 가구	7인 가구
금액(원/월)	2,392,013	3,932,658	5,025,353	6,097,773	7,108,192	8,064,805	8,988,428

위의 표에 있는 4인 가구를 기준으로 매월 610만 원 정도를 다단계판매 후원수당으로 지급받을 수 있다면 성공 궤도에 오른 것으로 볼 수 있을 것 같다. 연봉으로는 7,300만 원 정도이다.

1명의 자녀를 둔 3인 가구는 다단계판매로 한 달에 500만 원 정도 소득이 있게 되면 꽤 높은 수준에 이른 것으로 볼 수 있을 것이다.

그렇다면 다단계판매원들이 어느 정도의 소득을 올리고 있을까?

놀라지 않길 바란다. 대다수 판매원들이 저조한 후원수당을 수령하고 있는 것으로 나타났다.

후원수당을 받은 판매원은 17.4%뿐?

공정거래위원회는 매년 다단계판매업체의 매출액과 후원수당 지급액 등 주요 정보를 공개하고 있다. 공개 대상은 등록업체 중 영업실적이 있고 정상 영업 중인 업체이다. 2024년 4월 말 현재 영업 중인 다단계판매업체는 112개이다. 전년에 비해 11개 업체가 신규 진입하였고 10개 업체가 폐업하였다.

본사가 있는 지역을 기준으로 볼 때, 서울에 81개 업체가 있고 경기도에 13개 업체가 있는 등 수도권에 있는 업체가 83.9%에 달한다.

다음에 설명하는 2023년 다단계판매 매출액과 후원수당 수령액, 판매원 수 등은 공정위의 보도자료와 정보공개 자료에서 가져온 것이다.

전체 다단계판매업체의 2023년 매출총액은 4조 9,606억 원이었고, 2023년에 비해 8.4% 감소하였으며, 상위 10개 업체의 매출액이 3조 8,787억 원, 매출 비중 78%로 다단계시장 매출액의 대부분을 차지하고 있다.

연간 매출액이 1,000억 원 이상인 곳은 7개 업체인데, 이들은 전체 다단계업체 수의 6.3%에 불과하지만 매출액은 시장 전체의 73.8%를 점유하고 있다.

반면에 연간 매출액이 100억 원 미만인 업체는 70개로 전체 업체 수의 62.5%에 해당되고, 이들의 매출액은 시장 전체 매출액의 4%에 해당한다.

2023년 말을 기준으로 다단계판매업체에 등록되어 있는 판매원 수는 720만 명, 정확히는 7,205,732명이다.

등록 다단계판매원이 720만 명이라는 데 대해 반론을 제기하는 사람도 있다.

"숫자로만 보면 국민 7명 중 1명이 다단계판매원이라는 얘기이다." "다단계업체에 중복으로 가입되어 있는 판매원도 있고 활동하지 않는 판매원도 있기 때문에 잘못된 수치다."라고 주장하는 것이다.

일면 타당한 말이다. 국민 7명 중 1명이 다단계판매원이라는 말에는 누구라도 선뜻 수긍하지 못할 것 같다. 공정위에서도 다른 업체에 중복으로 가입되어 있거나 등록만 하고 판매 활동은 하지 않는 경우도 있기 때문에 실질적인 판매원 수는 이보다 적을 수 있다고 밝혔다.

하지만 그렇다고 공정위에서 발표한 등록 판매원 수가 엉터리라고 볼 수는 없지 않은가? 통계에 잡히지 않게 하려면 등록 판매원의 기준을 새롭게 만들거나 이 업체 저 업체에 중복으로 등록하는 판매원이 없게 하여야 한다.

참고로 다단계판매원으로 등록하려는 사람은 방문판매법 시행규칙 15조에 의해 성명과 생년월일, 주소, 전화번호, 다단계판매업자명을 적은 후 서명·날인 한 다단계판매원 등록신청서를 다단계판매업자에게 제출하여야 한다.

거의 모든 다단계판매업체는 차명 등록을 허용하지 않고 있고, 다른 업체에도 가입하는 이중 등록을 할 수 없도록 하고 있다.

차치하고 공정위에서 발표한 등록 판매원 720만 명 중 후원수당을 지급받은 판매원 수는 125만여 명으로 전체 판매원의 17.4%에 불과했다.

놀랍지 않은가. 등록만 하고 판매 활동은 하지 않은 경우가 있다 하더라도 전체 판매원의 82.6%가 후원수당을 수령하지 못했다.

그런데 이와 같은 현상은 어제오늘의 일이 아니다. 최근 5년간 다단계 판매원 수에 비해 후원수당을 받지 못한 판매원 수를 보면 잘 알 수 있다.

2019년에는 등록 판매원 중 81.8%가 후원수당을 받지 못하였고, 2020년은 82.6%, 2021년은 81.0%, 2022년은 80.6%, 2023년은 82.6%였다.

5년을 통틀어 등록 판매원 중 평균 18.4%가 후원수당을 수령하였고, 81.6%는 수령하지 못했다.

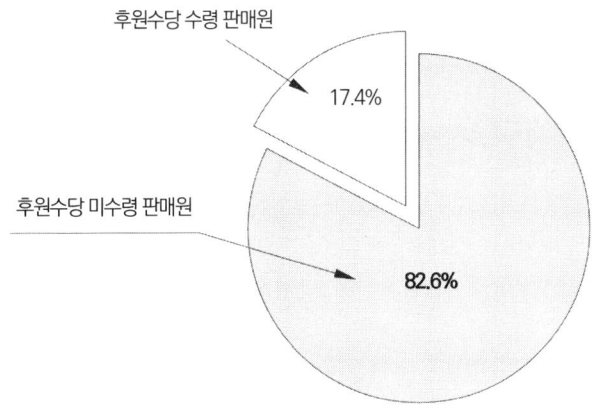

(2023년) 등록판매원 중 후원수당 수령 판매원 비중

최근 5년간 다단계판매원 수 대비 후원수당 수령 비율

구분	2019년	2020년	2021년	2022년	2023년
등록 판매원 수	834만 명	827만 명	730만 명	705만 명	720만 명
후원수당 수령 판매원 수	157만 명	144만 명	139만 명	137만 명	125만 명
후원수당 수령 비율	18.2%	17.4%	19.0%	19.4%	17.4%
후원수당 미수령 판매원 비율	81.8%	82.6%	81.0%	80.6%	82.6%

(출처: 공정거래위원회)

상위 10개 업체에서는 좀 더 많은 판매원이 후원수당을 수령하였을까? 이들 상위 10개 업체의 판매원 수는 5,335,181명이고, 20.6%인 1,015,345명이 수령하여 전체 수령 비율 17.4%에 비해 다소 나았지만 여기에서도 거의 80%가 후원수당을 수령하지 못하였다.

1인당 월평균 후원수당 11만 원

2023년에 다단계판매업체에 판매원에게 지급한 후원수당의 총액은 1조 6,558억 원이다. 엄청나게 많은 금액이다. 다단계판매를 하면 소득이 꽤 괜찮은 것으로 생각될 수 있지만 내용을 들여다보면 딱히 그렇지가 않다.

후원수당 총액이 1조 6,558억 원으로 규모가 크지만 이 금액을 후원수당을 지급받은 판매원 125만 명으로 나누면 1인당 평균 1년에 132만 5천 원, 1인당 한 달에 평균 11만 원밖에 벌어들이지 못한 것으로 나타났다.

등록판매원 중 후원수당을 지급받은 사람의 1인당 월평균 수령액이 11만 원이라는 사실에 놀라지 않을 수 없다.

상위 10개사의 판매원은 후원수당을 상대적으로 많이 받지 않았을까? 결과는 대동소이했다. 매출액 상위 10개 업체의 2023년 1인당 연간 후원수당 수령액은 평균 1,287,278원이었고 1인당 월평균 107,000원이어서 전체 판매원의 1인당 월평균 수령액 11만 원과 비슷하였다.

이는 4인 가구를 기준으로 할 때의 월간 중위소득 609만 원에 훨씬 못 미치는 후원수당을 수령한 것일 뿐만 아니라 1인 가구 월간 중위소득 239만 원에도 크게 모자란다.

중위소득과의 비교가 어려울 정도이다.

··· 상위 1%가 후원수당 지급액의 53.4% 차지

다단계는 꼭짓점에 있는 사람이 돈을 버는 구조라는 말을 하는데 상위 1% 미만은 후원수당을 얼마나 수령하였을까?

같은 2023년에 상위 1% 미만의 판매원 12,435명이 지급받은 후원수당은 8,839억 원으로서 1인당 1년에 평균 7,100만 원, 한 달에 1인당 평균 592만 원을 수령하였다.

이들에게 지급된 후원수당은 전체 지급액의 53.4%를 차지하여 절반 이상이 쏠려 있음을 보게 된다.

그 밑의 구간인 상위 1% 이상 6% 미만의 판매원은 1인당 평균 한 달에 61만 2천 원, 상위 6% 이상 30% 미만인 판매원은 1인당 평균 한 달에 6만 7천 원을 수령하였다.

이와 같은 후원수당 수령액의 수치를 놓고 볼 때, 다단계판매에 입문하여 돈을 벌고 성공한다는 것이 얼마나 어려운 과정을 거쳐야 하는지 짐작하게 해 준다.

열심히 일해서 상위 1%에 속하면 되지 않겠느냐고 반문할지 모른다. 맞는 말이다. 각고의 노력을 기울여서 1%의 반열에 들어가면 될 것이다. 상위 1%의 개념에 대해 올림픽에서도 금메달은 1개라고 할지 모르지만, 다단계판매는 수많은 판매원이 경쟁하여 1%가 성공의 반열에 드는 것이 아니라 수많은 판매원을 만들어 그것을 기반으로 1%의 판매원이 생겨나는 것이다. 더욱이 상위 1%는 이미 선점되어 있는 경우가 많다.

 엄청나게 많은 소득을 올리는 것으로 생각할 수 있는 상위 1% 미만의 판매원이 수령한 월평균 후원수당은 592만 원이었다. 그러나 이 정도면 다단계 업계에서는 성공한 케이스로 볼 수 있을 것이다. 중위소득에 대입해 보면 4인 가구 중위소득(6,097,773원) 정도에 속한다.

 혹자는 후원수당을 많이 받는 상위판매원은 먼저 판매원으로 가입하여 수당이 많이 받는 것이 아니라 다른 판매원보다 더 노력을 기울여서 소득이 높은 것이라고 주장한다. 상위판매원의 소득은 높고 하위판매원의 소득은 낮다는 말에 "수당을 공평하게 나누라는 말인가, 그것은 공산주의적 사고방식이다."라는 극단적 표현까지 하는 사람도 있는데 이 주장은 사실을 호도하는 것이다. 후원수당을 많이 가져가는 상위판매원이 다른 판매원보다 더 열심히 노력해서 소득을 높게 가져가는 것은 분명히 맞는 말이다. 그러나 다단계판매를 하위판매원보다 먼저 시작하여 판매 조직을 펼치고 그 조직을 액티브(active)하게 후원하여 소득이 높은 것 또한 사실이기 때문이다.

 후원수당을 수령한 판매원 분포별 지급현황을 좀 더 자세히 살펴보면 후원수당이 상위판매원에게 편중되고 있음을 보여 준다. 누구나 많은 돈을 벌 수 있는 곳이 아닌 것이다. 상위판매원을 좀 더 확대해서 보면 상위 1% 미만에서 5%까지가 후원수당의 81.1%를 점유하여 거의 독점하다시피 했다.

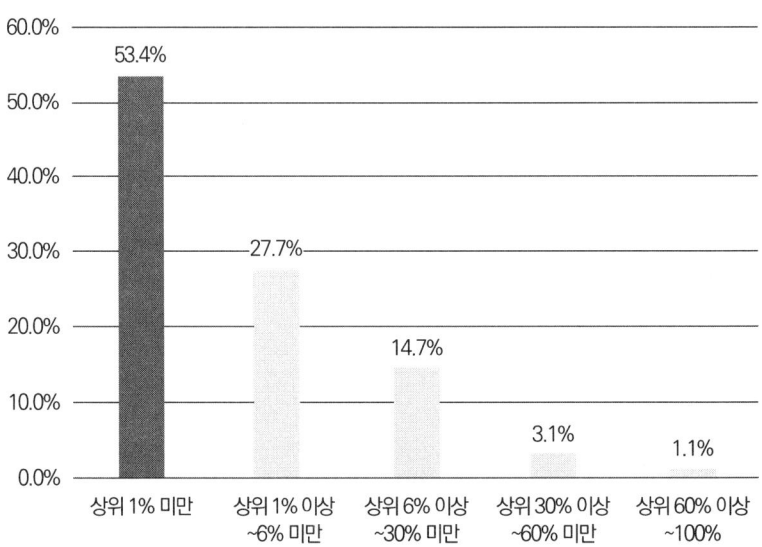

(2023년) 구간별 후원수당 점유비율

(2023년) 후원수당 지급분포 현황

판매원 구분	연간 총액		1인당 평균 수령액	
	(단위: 백만 원)	점유비	연	월
상위 1% 미만	883,907	53.4%	₩71,082,000	₩5,923,500
상위 1% 이상~6% 미만	459,155	27.7%	₩7,345,000	₩612,083
상위 6% 이상~30% 미만	242,857	14.7%	₩809,000	₩67,417
상위 30% 이상~60% 미만	51,757	3.1%	₩138,000	₩11,500
상위 60% 이상~100%	18,187	1.1%	₩36,000	₩3,000
합계(평균)	1,655,863	100.0%	₩1,348,000	₩112,333

(출처: 공정거래위원회)

다단계판매의 꽃이라 할 수 있는 최상위판매원 중 2023년에 연봉 1억 원, 월평균 833만 원 이상의 수당을 받은 사람은 2022년보다 251명이 감소한 1,894명이었고 후원수당 전체 수령자 중 0.15%의 비중을 보여주고 있다.

(2023) 후원수당 지급금액 구간별 판매원 분포표

지급수준별 구분(年)		구간별 비중	누적 비중
연간	월		
1억 원 이상	833만 원 이상	0.15%	0.15%
1억 원 미만~5천만 원 이상	883만 원 미만~417만 원 이상	0.26%	0.41%
5천만 원 미만~3천만 원 이상	417만 원 미만~250만 원 이상	0.42%	0.83%
3천만 원 미만~2천만 원 이상	250만 원 미만~167만 원 이상	0.41%	1.24%
2천만 원 미만~1천만 원 이상	167만 원 미만~83만 원 이상	0.92%	2.15%
1천만 원 미만~500만 원 이상	83만 원 미만~42만 원 이상	1.52%	3.67%
500만 원 미만~100만 원 이상	42만 원 미만~8만 3천 원 이상	8.05%	11.72%
100만 원 미만~50만 원 이상	8만 3천 원 미만~4만 2천 원 이상	6.33%	18.05%
50만 원 미만~1원	4만 2천 원 미만~1원	81.95%	100.00%

(출처: 공정거래위원회)

다시 정리하면, 등록판매원 7,205,732명 중에서 17.4%인 1,250,515명이 후원수당을 수령하였고, 1인당 월평균 수령액은 11만 원에 불과하였다. 상위 1% 미만 판매원의 1인당 월평균 수령액은 592만 원으로서 4인 가구 중위소득 산정구간인 6,097,773원에 근접하였다.

이와 같은 현실을 볼 때, 20대 청년이 경제적, 시간적으로 다단계에 몰두하여 성공을 기대하는 것은 매우 어려운 일이라는 데 동의할 것이다.

··· 아르바이트 소득과 다단계판매 소득

다단계판매와 아르바이트 수입을 단순 비교해 보자. 최저 임금을 받고 아르바이트를 할 경우의 월 급여는 209만 원이 된다.

(2025년 최저 임금은 시간당 1만 30원으로 정해졌다. 1주 40시간, 유급 주휴를 포함하여 월 209시간을 근무할 때의 월 급여 환산액은 209만 6,270원이다.)

이 금액을 위의 후원수당 지급금액 구간별 판매원 분포표에 대입하면 이 정도 금액을 다단계판매 후원수당으로 수령하는 구간별 비중은 후원수당을 지급받은 판매원의 0.41%임을 알 수 있다.

물론 다단계판매원이 모두 다단계를 본업으로 삼고 있는 것은 아니므로 아르바이트를 할 경우의 소득과 단순 비교를 한 것이고 후원수당 수령액이 소득의 전부라고 할 수는 없을 것이다.

다단계판매 회사는 돈을 벌까?

공정위 자료에 의하면 등록되어 있는 112개 다단계판매업체 중에서 상위 10개사의 2023년 매출액과 매출액 비중은 앞서 살펴본 바와 같이 3조 8,787억 원, 다단계시장 매출액 4조 9,606억 원의 78.1%에 달한다. 이 중에서 연간 매출액 1,000억 원 이상인 7개 업체의 이익률을 살펴보도록 하자.

이들 7개사의 매출액 합계는 3조 6,592억 원으로, 시장 전체 매출액의 73.8%에 달하는 등 가히 다단계시장 매출액의 대부분을 점유하고 있는데, 「평균 7.9%의 양호한 매출액 대비 당기순이익률」을 달성한 것으로 분석되었다.

반면에 매출액 중하위 업체의 수익성은 이에 미치지 못하였다.

112개 업체 중 중상위권이라 할 수 있는 매출액 31순위부터 50순위까지 20개 업체의 자료를 살펴보면 평균 당기순이익률이 4.1%에 달해 상위 7개사의 7.9%보다 현저히 낮음을 알 수 있다. 여러 원인이 있겠지만 결국 매출액에 비해 원가가 높은 제품이 많거나 판매관리비의 비용이 많이 지출되어 이익률이 감소한 것으로 보인다.

신규 진입 업체와 당기순이익률이 -2,698.8%인 업체 등 기형적인 실적을 보인 곳을 제외한 최하위 10개 업체의 순이익률은 -43.2%로서 많은 손실을 보고 있는 것으로 나타났다.

(2023) 상위 7개 다단계판매업체 순이익률

(단위: 천 원, %)

구분	매출액	당기순이익	당기순이익률
매출액 1위	1,239,722,793	62,822,603	5.1%
매출액 2위	912,239,950	85,803,141	9.4%
매출액 3위	576,454,773	74,764,773	13.0%
매출액 4위	348,448,726	16,936,939	4.9%
매출액 5위	240,830,523	6,314,540	2.6%
매출액 6위	195,928,016	38,969,747	19.9%
매출액 7위	145,541,200	2,865,190	2.0%
합계(평균)	3,659,165,981	288,476,933	7.9%

(다단계판매사업자 2024년 정보공개(2023년도분) 공정거래위원회)

(2023) 매출액 31위~50위 다단계판매업체 순이익률

(단위: 천 원, %)

매출 순위	회사명	매출액	당기순이익	당기순이익률
31	A사	16,615,345	687,520	4.1%
32	B사	16,570,402	470,411	2.8%
33	C사	16,264,641	1,497,317	9.2%
34	D사	15,514,201	-47,784	-0.3%
35	E사	14,353,323	135,884	0.9%
36	F사	13,914,403	380,890	2.7%
37	G사	13,299,149	16,643	0.1%
38	H사	12,374,263	1,753,242	14.2%

39	I사	12,240,027	1,754,718	14.3%
40	J사	11,350,863	−15,453,317	−136.1%
41	K사	10,618,470	−245,067	−2.3%
42	L사	10,081,884	300,895	3.0%
43	M사	9,797,540	103,379	1.1%
44	N사	9,795,986	279,428	2.9%
45	O사	8,558,666	1,115,122	13.0%
46	P사	8,052,144	6,117	0.1%
47	Q사	8,002,976	1,830,301	22.9%
48	R사	6,892,045	1,050,438	15.2%
49	S사	6,103,238	−421,935	−6.9%
50	T사	5,791,449	−4,374,960	−75.5%
합계(평균)		226,191,015	−9,160,758	−4.1%

(다단계판매사업자 2024년 정보공개(2023년도 분) 공정거래위원회)

(2023) 매출액 하위 10개사 다단계판매업체 순이익률

(단위: 천 원, %)

매출 순위	회사명	매출액	당기순이익	당기순이익률
96	a사	554,901	−243,312	−43.8%
97	b사	530,358	−37,010	−7.0%
98	c사	518,085	−396,842	−76.6%
99	d사	517,855	63,383	12.2%
100	e사	510,641	−284,960	−55.8%
101	f사	436,023	−187,696	−43.0%
103	g사	239,074	17,326	7.2%
104	h사	151,451	−393,770	−260.0%
105	i사	139,203	3,330	2.4%
106	j사	129,613	−149,971	−115.7%
합계(평균)		3,727,204	−1,609,522	−43.2%

(다단계판매사업자 2024년 정보공개(2023년도 분) 공정거래위원회)

2장 다단계판매로 많은 돈을 벌 수 있을까?

합법적인 다단계회사는 모두 안전할까?

세간에 문제가 되고 피해자가 왕왕 발생하는 경우는 불법 다단계가 다수이다.

법적인 요건을 갖추고 등록한 다단계는 일단 안심할 수 있다. 공제조합 가입 등 만일의 경우 피해보상의 수단이 강구되어 있기 때문이다.

⋯ 다단계판매 회사의 설립 요건

큰 틀에서 다단계판매 회사를 설립하는 데 있어서는 두 가지 요건이 필요하다.

자본금이 5억 원 이상이어야 한다는 것과 공제조합과의 계약 체결 등 피해보상보험계약을 체결해야 하는 것이 그것이다.

일반적인 법인은 설립 자본금 규모에 과도한 제한이 없는 데 비해 다단계판매의 경우 5억 원 이상으로 정해 놓은 것은 소비자와 판매원의 피해를 최소화하기 위해 일정한 규모를 정해 놓은 것으로 볼 수 있다.

다단계업체는 소비자와 판매원을 보호하기 위해 소비자피해보상을 위한 보험계약, 소비자피해보상금의 지급을 확보하기 위한 채무지급보증계약, 공제조합과의 공제계약 등 세 가지 중 하나를 선택하게 되어 있는데, 피해보상보험의 실효성을 갖고 운영되는 곳은 공제조합이기 때문에 공제조합과의 공제계약 체결이 핵심이다.

공제조합의 출자금은 200억 원 이상이어야 하고, 인가를 받도록 하고 있다. 2003년 1월 직접판매공제조합(직판조합)의 설립이 있었고, 같은 해 2월에 한국특수판매공제조합(특판조합)이 설립되었다. 당시 직판조합은 외국계 다단계판매회사가 중심이 되었으며, 특판조합은 국내 회사들을 중심으로 구성되었다.

다단계판매 회사가 공제조합에 가입하려면 예치금을 납부해야 하고 조합에 가입한 후에는 정기적으로 조합에서 정하는 피해 담보금을 납부하여야 한다.

그 외 후원수당의 산정 및 지급 기준에 관한 서류, 재고관리와 후원수당 지급 등 판매의 방법에 관한 사항을 적은 서류 등 필요한 요건을 갖춘 후 공정거래위원회 또는 특별시장·광역시장·특별자치시장·도지사·특별자치도지사에게 등록하여 다단계회사가 설립된다. 이런 과정을 통해 설립되었다는 것은 다단계 영업을 할 수 있는 기본 요건을 부여받았다는 것일 뿐 그 회사가 합법적 운영을 할 것이라고까지 보장받은 것은 아니라는 것에 유의하여야 한다.

참고로 상품을 구매한 후 다단계업체에 반품이나 청약철회를 요청했음에도 그 업체에서 거부할 경우, 해당 소비자와 판매원이 공제조합에

청구하면 보상을 받을 수 있다. 직접판매공제조합과 특수판매공제조합 모두 소비자는 청약철회액의 100%, 판매원은 90%를 청구할 수 있는데, 1인당 한도는 500만 원에서 1,500만 원까지 공제조합별로 다르게 적용하고 있다. 좀 더 자세한 내용은 해당 공제조합 홈페이지를 참고하기 바란다.

⋯ 합법 업체임을 강조하는 이유

다단계판매 회사에서 사업설명회나 세미나를 할 때 합법 업체임을 강조하는 경우를 볼 수 있는데, 왜 그런 것일까? 일반 기업, 예를 들어 우리가 주위에서 볼 수 있는 현대자동차나 LG전자, 대한항공 같은 회사들은 합법 업체임을 강조하지 않는다. 너무 당연하기 때문에 강조할 필요가 없는 것이다.

그런데 그들은 왜 합법 업체임을 내세우는 것일까? 불법 다단계가 판을 치지만 우리는 아니라고 강조하는 것이기도 하고, 그만큼 합법과 불법이 혼재되어 있는 것이 다단계시장임을 반증하는 것이기도 하다.

"우리 회사는 의무 구매가 없다. 강제성이 없다. 가입비가 없다."라고 하는 경우도 있다. 당연히 그렇게 하는 것이 옳은 것이며 그렇게 하지 않으면 불법이기 때문에 여기에 특별한 의미를 부여하기는 어렵다.

⋯ 합법 속의 불법 다단계

법에 정한 요건을 갖추고 다단계판매를 시작한 회사가 이상한 방향으로 변질되는 경우는 그 원인을 크게 두 가지로 나누어 볼 수 있다.

첫째는, 회사 운영이 뜻대로 되지 않아서 영업 방식을 바꾸다 보니 불법으로 변하는 경우이다.

자본금을 투입한 후에도 제품 매입비용과 직원 급여, 임대료 등 경비도 지출해야 하고 후원수당도 지급해야 하고 공제조합에 달마다 조합비(피해담보금)도 납부해야 하는데 매출이 뒷받침되지 않거나 더디면 급기야 자본을 잠식하여 운전자금이 부족하게 되고 이를 모면하려고 편법 영업을 시도하게 되는 것이다.

둘째는, 일단 법적 설립 요건을 갖추어 주위에 신뢰를 갖도록 한 다음 불법 다단계를 하는 경우이다. 양의 탈을 쓰고 이리의 본성으로 영업하는 것으로서 질이 매우 좋지 않은 방식이다. 합법 업체로 보이게 한 다음 많은 판매원들을 모집하고 제품 판매의 본질을 벗어나 다단계 조직을 통해 돈을 끌어모으는 수법을 쓴다.

'합법 속의 편법 영업'도 있다. 정상적인 소비와 무관하게 제품을 구입하는 현상을 말한다. 직급을 유지하기 위해 또는 차상위 직급으로 올라가기 위해 용도를 벗어나 제품을 구입하고 실적을 맞추는 것을 예로 들 수 있는데 다단계 본연의 방식이 흔들리는 결과를 가져온다. 이에 대해서는 뒷장에서 다시 다루기로 한다.

합법 다단계업체로 등록되어 있는지의 여부는 공제조합의 조회를 통해 알아볼 수 있지만 합법의 틀에서 불법으로 이루어지는 영업행위는 규제하기 어렵고 다양한 품목으로 다단계판매가 진화되면서 불법 영업이 늘어날 수 있는 만큼 합법으로 등록한 업체라 하더라도 주의를 기울일 필요가 있다.

… 제이유 다단계도 합법으로 시작했다

전국적으로 35만 명의 피해자가 발생하였고 2조 6천억 원대의 피해 규모를 가져온 제이유네트워크 사태.

제이유네트워크 사태는 '주코'라는 다단계판매 업체에서 시작되었다.

이 업체는 엄연히 서울시에 등록하고 특수판매공제조합에 가입한 합법적 다단계판매 회사였다. 후원수당 지급 상한선 35%를 준수했더라면 어마어마한 피해자가 발생하지 않았을지 모르지만 욕심이 욕심을 낳고 기만이 기만을 낳아 피해자들을 걷잡을 수 없는 수렁으로 빠져들게 하였다.

법원 판결문에도 "피고인 등이 '처음부터 덫을 놓고 피해자들을 유도한 희대의 사기범'이라는 세간의 인식에 다소 지나친 일면이 있는 것은 사실"이라고 한 것을 보면 처음부터 불법 다단계를 하려던 것은 아니었던 것 같다.

후원수당 지급 비율이 높아져 가고 매출액보다 지급되는 후원수당이 많아지면서 불법으로 전락하게 된 것이다.

이 사건에 대해 공개된 자료가 넘쳐흐르는데 여기에서는 『팩트와 권력』[4] 중 「주수도가 쌓아올린 눈물의 피라미드」 내용 일부를 가져다 보자.

결론부터 말하면 제이유네트워크는 일종의 폰지 마케팅을 펼친 것으로 볼 수 있다. '폰지 마케팅(Ponzi Scheme)'이란 신규 투자자의 돈으

---

[4] 정희상·한빛 지음, 은행나무, 2019. 6. 13. pp. 162~165.

로 기존 투자자에게 이자나 배당금을 지급하는 방식을 말한다.

　새로운 매출이 들어와야 선순위 판매원에게 수당을 지급할 수 있는 방식 곧 피해자가 피해자를 양산하는 구조의 영업 방식이었음을 볼 때 "결과적으로 주수도의 다단계 사업은 돈키호테식 과대망상이 부른 비극으로 귀결됐다."라고 한 분석에 동의하지 않을 수 없다. "세계적으로 처음 창조한다는 유니온마케팅에 대한 환상과 집착이 대단했고 금융 피라미드 사기로서 끊임없이 피해자를 양산해야 지탱되는 구조였다. 피해자가 구제받으려면 새로운 사람이 매출을 올리는 피해자로 들어와 줘야 했다."라는 지적도 그렇다.

　『팩트와 권력』에서 기술한 '소비생활 공유 마케팅'을 살펴보기로 하자. 이 영업 방법은 한 회원이 다른 회원을 후원하여 판매 조직을 만들고 그 조직의 실적에 따라 후원수당을 받는 합법적인 다단계판매 방법과는 다르게 자기가 일상생활에 쓸 소비재만 구입해도 구입가의 250%에 이르는 수당을 주겠다는 판매 기법이었다.

　매출을 끌어올리기 위해 소위 애국(愛國) 마케팅을 구사하기도 했다. 소비생활 공유 마케팅에 애국주의를 접목시키는 기상천외한 발상을 동원한 것이다. 제이유그룹 회원이 되어 매출을 올리면 중소기업과 농어촌을 살리는 토종 기업을 키우는 애국 행위라고 홍보했다. 그 결과 매출액 2조 원에 회원 수 35만 명, 전국 가맹점 3천여 개, 24시간 편의점형 마트 160개, 빌딩 21채를 소유한 재벌급 회사로 급성장했다.

　하지만 이같이 아랫돌 빼서 윗돌 막는 영업 방식은 오래갈 수 없는 법. 이 회사가 회원사로 가입한 한국특수판매공제조합에서 급격히 불어난 외형(매출액)에 부담금 1,600억 원을 부과하면서 사달이 나기 시작했다. 매출이 곤두박질치고 후순위 매출이 줄어들면서 수당을 지급할 재원이 마르게 된 것이다.

걷잡을 수 없는 사태를 모면하기 위해 판매 조직에 뭔가 새로운 뉴스를 던져 주어야 했고 '촉진2'라는 새로운 마케팅 기법을 발표했다. 군산 앞바다 석유 탐사와 금광 개발을 핫이슈로 내세운 것이다. 석유가 터지고 금광이 쏟아진다며 투자를 부추겼고 이 엉터리 빅뉴스에 돈에 눈이 뒤집힌 사람들이 퇴직금과 대출금을 몽땅 털어 넣었다. 불과 4개월 만에 1조 6천억 원을 빨아들였다. 반신반의하는 회원들을 상대로 3백조 원 수익이 발생할 사업이라고 호언하기도 했다.

하지만 원칙을 고수한 한국특수판매공제조합에서 이 회사와는 더 이상 공제거래를 할 수 없다며 공제거래 해지를 결정하였다.

공제거래를 해지한다는 것은 합법적 다단계판매의 명단에서 지워지는 것을 뜻하고 유사시 더 이상 소비자가 피해보상을 받을 수 없다는 것을 뜻한다.

결국 국내 다단계시장의 최고봉에 섰던 제이유네트워크는 문을 닫을 수밖에 없었고 35만 명의 회원이 피해자로 바뀌었다.

이 기막힌 현상에 대해 『팩트와 권력』은 당시 상황을 다음과 같이 기술하고 있다.

"결국 국내 다단계시장을 단숨에 석권했던 제이유네트워크는 문을 닫았다. 순식간에 2조 6천억 원대를 투입한 35만 회원들이 대규모 피해자로 둔갑했다. 수백 개 중소기업체와 35만 명의 사업자들 사이에서 곡소리가 나기 시작했다. 곳곳에서 가정이 붕괴되고 친인척이 원수로 변했다. 한 전직 초등학교 교장은 정년퇴임 후 6억 원을 투자하고도 모자라서 출가한 딸의 인감도장을 훔쳐 대출을 받아 몽땅 써 버렸다. 이 사실을 알게 된 딸이 아버지를 고소했고

아들은 아버지의 멱살을 잡고 부인은 정신병원까지 다녔다. 어떤 시골 마을은 온 주민이 논밭을 팔아 투자했다가 동네 전체가 쑥대밭으로 변했다."

스타 마케팅에 많은 저명인사들이 동원된 것으로 알려져 있는데, 구체적인 이름과 사례는 언급을 피한다.

주수도 회장에게는 징역 12년형이 확정되었다. 중국에 투자한 회사 수익으로 손해 배상을 모두 할 수 있다고 주장했지만 불가능한 일이었다.
법원은 판결문에서 이 사태를 다음과 같이 요약했다.
"건물의 하중을 지탱할 수 있도록 충분한 장치를 마련한다는 원칙만 세워 두고, 이를 뒷받침할 공학적 설계 없이 무너져도 어쩔 수 없다는 인식을 가지고 건물을 짓기 시작한 것과 유사하다."

제이유 사태 이후 다단계판매 시장이 많이 정화되었고 제이유를 모방하여 영업하던 업체들도 많이 퇴출되었지만 언제 어디서 이렇게 합법으로 출발하여 불법 영업을 하는 업체가 등장할지 모를 일이다. 그런 업체가 나오지 않고 피해자가 양산되지 않기를 바랄 뿐이다.

다단계판매와
신(新)유통시스템

다단계판매에 관한 법률로도 다단계를 뒷받침하고 있으니 엄연히 국가에서 인정한 유통시스템의 한 축이라고 강조하는 사람도 있다. 하나의 유통시스템으로 허용된 것이 사실이지만 '허용'하되 소비자의 피해를 최소화하기 위해 지켜야 할 사항을 규제해 놓은 것이 해당 법률인 것으로 보아야 할 것이다.

··· 직거래 방식의 새로운 유통시스템인가

생산자로부터 공급자, 수요자에게 제품이 이동되는 일련의 과정과 활동을 일반적인 유통시스템이라고 하는 것에 견주어 중간상을 제외하고 생산자로부터 제품을 직접 공급받는 다단계판매야말로 유통 비용을 축소하고 소비의 가치를 높이는 신(新)유통시스템이라고 주장하는 경우인데 일면 타당성이 있어 보이지만 다소 무리가 따르는 논리를 담고 있다.

특정 제조 업체와 OEM 방식을 통해, 때로는 직접 생산하여 자기 회사에 어울리는 브랜드로 다단계판매원에게 구입하도록 판촉하는 것을 생산자와 직거래하는 신유통시스템이라고 하는 것 같다. 판매원들이 이 것을 새로운 유통시스템이라는 생각으로 인식하게 될지는 몰라도 사회의 일반적인 유통시스템과 비교하는 것은 좀 어색한 면이 있다.

일반적인 유통 방식은 두 가지로 구분할 수 있다.

① 생산·제조업체 → 제품광고 및 홍보 → 총판 → 도매상 → 소매상 → 소비자
② 생산·제조업체 → 제품광고 및 홍보 → 대형마트·홈쇼핑·인터넷(전자상거래) 등 → 소비자

이와 달리 다단계는 '생산·제조업체 → 소비자'의 과정을 통해 광고비와 홍보비 그리고 중간 유통 마진이 필요 없는 직거래 방식이므로 생략되는 유통 비용만큼 판매원에게 혜택이 돌아간다고 하는 것으로 들린다.

다단계에서 판매되는 제품을 통해 다단계판매원이 혜택을 받으려면 위의 일반유통 방식보다 제품 가격이 많이 저렴해야 할 텐데 꼭 그렇게 되지 않을 수 있다.

… 직거래 방식과 제품 가격

다음의 표를 살펴보면 오히려 다단계판매에서의 제품 가격이 비싸질 수 있음을 알게 된다.

일반적인 유통에서는 소비자가 소매상으로부터 구입하는 것이 가장 비싸고 대형마트, 도매상의 순서로 된다. 다단계에서 판매하는 제품 가격은 이보다 훨씬 저렴하게 되는 걸까? 이해를 돕기 위해 제조원가와 생

산업체 마진은 동일하다고 보고 각 유통 채널별로 제조원가부터 회사 마진에 이르기까지 가격 구조를 살펴보자.

구분	일반유통			다단계판매
	대형마트	도매상	소매상	
제조원가	₩200	₩200	₩200	₩200
생산업체 마진	₩20	₩20	₩20	₩20
마트 마진	₩10			
도매상 마진		₩10	₩10	
소매상 마진			₩20	
물류비용	₩5	₩5	₩5	
후원수당(상한선)				₩35
회사 일반관리비	₩5	₩5	₩5	₩5
회사 마진	₩5	도매상 마진	소매상 마진	₩5
제품 판매가격	₩245	₩240	₩260	₩265

위의 표에서 보듯이 유통 대형점인 마트와 도·소매상의 마진 대신 다단계에서는 후원수당이 추가된다. 그 결과로 오히려 다단계의 제품 가격이 상대적으로 더 높아질 수 있지만 훨씬 저렴하게 될 소지는 별로 없어 보인다.

후원수당을 빼면 다른 유통 채널보다 판매가격이 저렴하게 되어 직거래의 효과가 크다고 할 수 있겠지만 그렇게 계산하면 생산업체 마진이나 회사 마진, 또는 일반관리비에서 후원수당을 지급해야 하는 상황에 놓이게 된다.

일반적인 유통이나 판매는 광고비와 홍보 비용이 추가로 계산되어야 할 것이라고 반론을 제기할 수 있지만, 광고비는 제품의 수명이 다할 때까지 들어가는 비용으로 보아야 한다. 광고비용이 손익분기점(BEP)에 영향을 주기는 하여도 많이 투입되었다고 해서 반드시 제품 가격에 반영되는 것이 아니고 제품 가격을 높여서 회수하는 성격도 아니다. 좀 어렵게 들리는데 어떤 가전업체에서 신제품을 개발한 후 광고비로 100억 원을 투입한다고 하자. 이 신제품의 수명이 몇 년이 될지 알 수 없으므로 광고비 100억 원을 제품 하나하나에 반영하는 것은 합리적이지 못하다.

손익분기점 매출 수량이 50만 개라면 50만 개에 광고비 100억 원을 안분하여 어느 시점까지 손익분기 매출이 이루어져야 되겠다고 매출 목표를 설정할 수는 있겠지만 그렇다고 손익분기점 도달 기간이 늦어질 경우 제품 판매가격을 인상하면 가격 경쟁력이 약화되어 판매 저하로 이어지는 현상이 벌어진다.

매출액이 증가하면 광고비 비중은 축소된다. 즉 광고비와 홍보비는 매출액이 어느 정도인지와 연동해서 살펴보아야 하는 것이므로 위의 표에서 일반유통의 경우 광고비가 빠져 있어서 상대적으로 제품 가격이 적게 계산되었다는 지적은 쉽게 와닿지 않는다.

판매가격에 있어서 일반적인 유통의 경우 수요와 공급의 법칙에 따라 판매가격이 정해지고, 시장 원리에 따라 소비자와 기업이 동시에 만족될 수 있는 상태로 결정되는 데 비해 다단계에서는 후원수당과 회사 마진 등을 고려하여 대부분 업체의 주관적 판단에 의해 판매가격이 정해진다.

치약의 경우를 예로 들어 보자.

일반적인 시장에서의 유통은 치약 제조회사 → 도매상 → 소매상 → 소비자의 경로를 거치게 되는데, 소비자는 수많은 치약 중 자신이 좋아하는 메이커(maker)와 브랜드(brand), 기능(function)에 따라 제품을 선택하게 된다.

　반면 제조시설이 있는 다단계업체는 자기 회사에서 직접 생산하고 그렇지 않으면 특정한 OEM 제조업체를 통해 생산한 후 판매원에게 선보이고 구입을 권유한다. 제품 공급의 채널이 다르기 때문에 처음부터 유통의 개념이 다른 셈이다. 그런 연유로 유통 과정을 단축하고 광고비를 줄인 비용이 판매가격을 낮추게 되고 판매원의 수익으로 연결된다는 설명은 좀 빈약해 보인다.

　오히려 일반 유통 방식과 비교하여 설명하기보다는 다단계만의 특별한 유통구조를 강조하고 시중에서 판매되지 않는 고품질의 제품을 회원(판매원)에게만 독점으로 공급하는 강점이 있다고 설명하는 것이 낫지 않을까 싶다.

　참고로 2021년 1월 8일 넥스트이코노미에서 리서치전문기관 엠브레인에 의뢰하여 일반인을 대상으로 실시한 다단계판매 인식조사 보도 내용을 보면, 다단계판매 제품의 가격이 매우 훌륭하다고 답한 사람들은 0.4%였고 훌륭하다고 응답한 비율도 6.4%로 낮았다. 반면에 19.1%는 전혀 훌륭하지 않다고 응답했으며 훌륭하지 않다는 응답이 41.1%로서 전체의 60%가 가격이 훌륭하지 않다는 반응이었다.

　조사 결과를 놓고 볼 때, 다단계판매 업체에서는 제품의 가격을 낮추는 노력을 계속해 나가야 할 것으로 보인다. 한편으로는 가격도 가격이거니와 제품의 질을 높여 나가야 한다는 점을 시사해 주고 있는데, 다단계판매 업체별로 꾸준히 제품의 질을 향상시키는 노력을 하고 있는 현상은 매우 고무적이라 할 수 있다. A사의 경우 화장품 분야에서 최고 기술력을 입증받아 'IR52장영실상'을 수상한 것이 좋은 예이다.

··· 다단계판매의 선호 제품

내친김에 다단계판매 업체들은 어떤 종류의 제품을 많이 취급하는지 살펴보자.

공정위 자료를 보면 다단계판매 회사들은 건강기능식품과 화장품을 유난히 많이 취급하는 경향을 볼 수 있다. 2023년 매출액 상위 10개 업체에서 가장 많은 매출을 올린 5개 품목을 분석해 보면 50개 품목 중 건강식품이 41개로 82%의 압도적인 비중이었으며 화장품은 14%, 생활용품은 4%를 차지했다. (건강식품은 건강식품 외에도 건강과 관련된 제품이 포함된 것이다.)

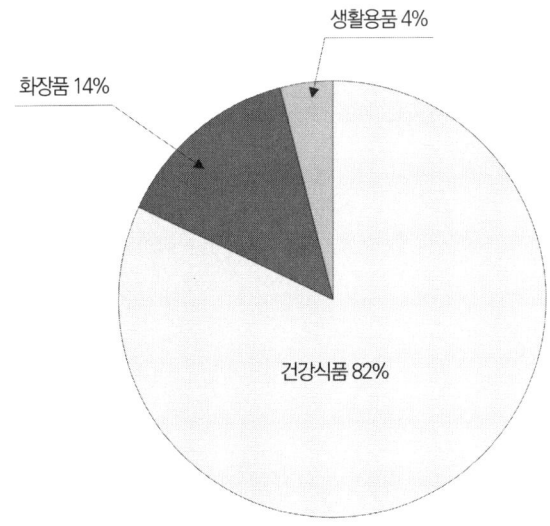

(2023) 상위 10개사 매출품목 비중

아울러 품목별 매출 비중은, 건강식품이 전체 매출액의 22.1%, 화장품은 3.1%, 생활용품은 2.1%였다.

건강식품과 화장품, 생활용품 등의 제품군은 다른 공산품에 비해 원가가 낮고 상대적으로 매출을 증대시킬 수 있는 제품이어서 다단계에서 취급을 선호하는 품목이라는 분석도 있다.

혹자는 다단계에서 취급하는 상품들이 소비자 주도형 제품이며 소비자와 판매자 간에 신뢰와 소통이 잘되는 상품이라고 하는데 대부분 상품의 채택과 품질의 평가가 회사의 주관에 따라 이루어지는 속성이 있음을 주목해야 한다.

때로는 원가의 몇 배에 판매하는 곳도 있다는 뉴스를 접하게 되는데, 판매원에게 재화 등을 그 취득가격이나 시장가격보다 10배 이상과 같이 현저히 높은 가격으로 판매하면서 후원수당을 지급하는 것은 법에 저촉된다.

후원수당 지급 방식

지인의 소개로 또는 어떤 계기로 다단계판매 회사를 만나서 판매원이 되면 누군가의 하위판매원(다운라인, down-line)이 되고 위로는 상위판매원(업라인, up-line)을 만나게 되는데 도와주는 사람이란 뜻으로 직업 라인을 스폰서(sponsor)라고도 한다. 스폰서 위에는 차상위판매원이 있고 차상위판매원 위에는 차차상위가 그 위에는 차차차상위가 있으며, 이런 형태가 상하좌우로 분화되어 나가는 것이 다단계의 조직이다.

이와 같은 외형적 구조에 각 단계별로 상·하위판매원 간의 후원수당 배분 방식을 정해 놓은 것을 보상플랜이라 한다. 곧 후원수당 지급 방식이다. 보상플랜을 마케팅플랜이라고도 하는데 얼마만큼 판매원에게 매력적인가에 따라 판매 조직이 잘 구축될 수도 있고 지지부진해질 수도 있으며, 지급 방식을 잘못 악용하면 사행성을 야기하여 문제를 일으키기도 한다.

보상플랜은 회사마다 취급하는 제품의 종류와 가격, 회사의 재무상황, 판매원 수, 직급별 승급 조건 등에 따라 다르다. 흔하지 않지만 매출이 감소하거나 경기가 침체될 때 또는 내부적인 문제를 돌파하기 위한 방안으로 기존의 보상플랜을 변경하는 경우 판매원들에게 많은 혼선을 초래하게 된다.

보상플랜의 내용과 후원수당 지급 방식은 보통 스폰서를 통해 설명을 듣게 되는데 회사에서 실시하는 교육 시간 등을 통해서도 듣는다. 회사마다 자기 회사의 보상플랜이 가장 좋은 보상플랜이라고 자랑하고 소득을 올리기에 수월하다고 강조한다. 예비판매원이 자기 회사에 동참할 수 있도록 그 보상플랜이 갖고 있는 장점과 특징, 다른 회사와의 차별성을 부각시키는 것은 당연하겠다.

한편으로 보상플랜은 판매원 수입의 기준이 되는 매우 중요한 사항임에도 불구하고 중장년층 판매원 중에는 후원수당 산출 방법을 정확하게 이해하기 어려워하는 사람도 있다. 이때는 스폰서의 도움을 받아야겠지만 명실상부한 판매원의 역할을 다하기 위해서는 세세한 부분까지 산출 방법을 습득해야 한다.

⋯ 판매 조직과 보상플랜의 관계

후원수당을 받기 위해서는 나를 비롯해 다운라인이 제품을 판매하고 구입해야만 한다. 제품을 구입하는 사람들이 나의 다운라인 판매원으로 등록만 해 놓는다고 해서 아무 조건 없이 후원수당이 지급되는 일은 발생하지 않는다. 보상플랜이 아무리 훌륭하게 짜여 있다 해도 다단계판매원이 되어 소득을 올리기 위해서는 꾸준히 판매 조직을 만들어 나가야 하고 확대해 나가야 한다. 여기에 더하여 그 조직 계보에 속한 판매원들의 활동적인 구매가 뒷받침되어야 한다.

일정한 규모로 판매 조직만 구축되면 본인은 가만히 있어도 자생적으로 가지치기를 하여 쉽게 돈을 벌 수 있을 것으로 기대해서는 안 되며 그런 일은 일어나지 않는다고 생각하는 것이 좋다. 공들여 조직을 구축해야 하고 그 조직을 유지하고 증가시키는 노력을 기울여 가며 자신의 조직에서 이탈하는 판매원이 발생하는 일이 없도록 예방하고 막아 내야 한다. 제품 구매가 액티브(active)하게 이루어지도록 지원하고 제품 정보를 전해 주는 등 정성을 다해 도와주어야 한다.

어떤 사람은 이렇게 말한다. "아니, 저 끝에 있는 이름도 모르는 수천 명의 사람들이 있는데 어디까지 후원하고 어디까지 도와주어야 한다는 말인가?" 어느 넓이까지 또한 어느 단계까지 지원하고 후원해야 하는지는 회사마다 보상플랜에 따라 다를 것이다. 그 중요성을 얘기하고 있는 것이다.

움직이지 않는 판매 조직에는 어떤 보상플랜도 돈을 벌어다 주지 않으며 판매 조직은 제품을 구입하는 다운라인이 많아질수록 확장된다.

여러분이 다단계판매원이 되면 "제품을 판매하는 것은 어려워도 제품 정보를 알려 주는 일은 어렵지 않다." "제품을 사용해 본 후 아는 사람에게 그 유익한 정보를 전달만 하면 된다."라는 말을 흔히 듣게 될 것이다. 맞는 말이다. 제품에 흥미를 갖게 된 사람이 판매원으로 등록하면 다른 경로로 등록하는 경우보다 판매 조직 확장에 능동적으로 임하게 될 것이다.

하지만 결국 누군가에게 제품을 설명하고 상대방이 제품이나 회사에 대해 궁금증이나 호기심을 갖고 나에게 접근하도록 해야 하는데 그것이 생각처럼 쉽게 되지 않을 때가 있다. 더군다나 정보 전달과 설명의 상대방이 절친한 후배이거나 친인척, 친구일 때는 잘못하면 등을 지는 사이가 될 수도 있어서 접근 방법에 유의하는 것이 좋을 것이다.

보상플랜에 의해 발생하는 소득은 판매 조직의 제품 구매 실적과 비례한다 해도 과언이 아니기 때문에 제품 구매에 관한 이야기를 좀 더 해 보자.

다단계에서는 구매 접근성을 높이기 위해 가격이 높은 내구재보다 생필품 위주의 상품을 취급하는 업체가 늘어나고 있다. 자기 회사의 주력 제품은 항상 사용하는 생필품이기 때문에 반복적인 구매가 이루어진다거나 품질이 좋아서 재구매가 많아진다고 홍보한다. 그 결과 후원수당이 지속해서 발생하게 된다고 강조한다. 생필품 위주여서 회전율이 높다는 것으로 이해되는데 제품 구매 주기를 살펴볼 필요가 있다.

생필품 중 하나인 샴푸(shampoo)를 예로 들어 보자. 내용물의 용량에 따라 다르겠지만 샴푸를 하루에 모두 사용할 수는 없는 노릇이고 보름이나 한 달 안에도 소진하기가 어려울 것이다. 제품을 구입하면 포인트가 쌓이고 누적된 포인트가 수당 지급 기준에 충족되면 후원수당이 지급된다고 할 경우, 후원수당이 주 단위로 지급되는 곳이라면 매주 구입하고 한 달 단위로 지급되는 곳이라면 매월 구입하여 재구매율을 높여 나가야 하는 것일까? 설마 그렇지는 않으리라 믿고 싶다.

샴푸만 구입하는 것이 아니지 않느냐고 할 수 있겠지만 다른 여러 종류의 생필품을 함께 구입한다 해도 비슷한 결론이 나온다. 하위판매원 대다수가 이렇게 구입해야 후원수당을 지속적으로 수령할 수 있을 텐데 그러다 보면 포인트를 맞추기 위해 어떤 곳에서는 이른바 메가요법을 설명한다고 한다. 이를테면 1개월간 섭취할 건강식품을 일주일 내에, 또는 보름 안에 소진하도록 하여 구매회전율을 높인다는 것인데 이렇게 되면 제품에 표시한 용량과 용법을 스스로 부정하는 셈이 된다.

⋯ 후원수당의 지급 기준

후원수당의 총합은 부가세 포함 제품 가격의 35%를 초과할 수 없고, 법으로 지급 기준과 표시·광고 등의 내용을 규정하고 있다. 이 35%의 정의는 다단계업체의 매출총액 대비 35%를 넘을 수 없다는 규제일 뿐 각 판매원에게 얼마만큼의 수당을 지급하는지는 문제 삼지 않는다.

가령 어떤 제품 가격이 20만 원이고 PV도 20만 원이며 회사의 지급률도 상한선인 35%라고 할 때 7만 원까지는 수당을 받을 수 있는 것으로 생각했는데 20%인 4만 원의 수당만 나왔다면 초보 판매원은 궁금해할 것이다.

35%가 후원수당 지급 상한선이지만 20%만 지급받게 되는 이유는 나머지 후원수당이 보상플랜 구조상의 많은 상위판매원들에게 배분되기 때문이다.

후원수당의 지급 기준과 후원수당의 표시·광고에 관해 방문판매법은 20조와 21조를 통해 다음과 같이 언급해 두고 있다. '안 된다'는 조항이 많다.

- 다단계판매업자는 다단계판매원에게 고지한 후원수당의 산정 및 지급 기준과 다르게 후원수당을 산정·지급하거나 그 밖의 부당한 방법으로 다단계판매원을 차별하여 대우하여서는 안 된다.
- 다단계판매업자가 다단계판매원에게 후원수당으로 지급할 수 있는 총액은 다단계판매업자가 다단계판매원에게 공급한 재화 등의 가격(부가가치세를 포함한다) 합계액의 35%에 해당하는 금액을 초과하여서

는 안 된다.
- 다단계판매업자는 일정 수의 하위판매원을 모집하거나 후원하는 것을 조건으로 하위판매원 또는 그 하위판매원의 판매 실적에 관계없이 후원수당을 차등하여 지급하여서는 안 된다.
- 다단계판매업자는 다단계판매원이 되려는 사람 또는 다단계판매원에게 다단계판매원이 받게 될 후원수당이나 소매이익에 관하여 거짓 또는 과장된 정보를 제공하여서는 안 된다.
- 다단계판매업자는 다단계조직의 운영 방식 또는 활동 내용에 관하여 거짓 또는 과장된 사실을 유포하여서는 안 된다.

⋯ 보상플랜의 종류

후원수당의 지급 방식, 곧 보상플랜은 크게 스테어 스텝 브레이크어웨이 방식, 유니레벨 방식, 매트릭스 방식, 바이너리 방식, 하이브리드 방식 등 다섯 종류로 구분된다. 어느 방식이 좋다고 단정할 수는 없고 앞에서 본 대로 업체별로 자기 회사의 특성에 따라 채택한다. 각각의 보상플랜별로 간략하게 그 특징을 살펴보자. 좀 더 세부적으로 살펴보고 싶다면 다단계판매 보상플랜을 집중적으로 다룬 자료를 참고하기 바란다.

1. 브레이크어웨이(Breakaway) 방식

브레이크어웨이 방식은 판매 조직의 분리와 독립에 초점이 맞추어져 있다.

자신의 다운라인 조직에서 일정한 수준을 충족하는 매출이 달성되면 매출실적을 충족한 조직을 분리하여 독립시키고, 분리된 판매 조직의 실적에 대한 수당이 지급된다.

일정한 수준이란 정해진 기간과 기준 실적을 말한다. 예를 들어 한 달 내 얼마의 목표실적 달성 등을 의미한다.

이 방식은 자신의 매출 실적 외에 여러 판매 조직을 육성하여 독립시키면 그 조직마다의 실적에 대한 수당을 받는 것이 주요 포인트이므로 다운라인을 독립 판매 조직으로 육성하는 것에 방점이 있다.

2. 바이너리(Binary) 방식

바이너리 방식은 자신을 중심으로 좌측에 1개, 우측에 1개 등 2개의 판매 라인으로 판매 조직을 늘려 나가는 방식이다. 많은 다단계업체에서 이 방식을 사용하고 있는 것으로 알려져 있으며 좌측과 우측의 판매 조직이 매출 실적의 균형을 맞추어 나가는 것이 중요하다.

매출이 많이 발생한 쪽을 대실적, 그렇지 못한 쪽을 소실적으로 구분하고 양쪽의 실적을 비교하여 소실적을 기준으로 수당 지급액을 산정하는 것이 일반적이다. 수당 산정에 포함되지 못하는 실적은 이월시키는 방법을 많이 사용한다.

업체별로 좌우 측의 수당 지급 기준을 1:1이나 2:1 등으로 조건을 두는데 무한 지급이 불가능할 수 있기 때문에 '극점'을 두기도 한다.

3. 유니레벨(Unilevel) 방식

유니레벨 방식은 다운라인의 조직에서 발생하는 매출 실적에 단계를 정하고 각 단계별로 지급률을 정해 수당을 산정하는 방식이다.

이 방식은 폭에는 제한을 두지 않는 반면, 깊이에는 제한을 두는 것이다. 바꾸어 말하면 가로축은 제한이 없고 세로축은 단계(레벨)를 제한하여 단계별로 수당 지급률을 정하는 것이다.

일반적으로 3레벨에서 9레벨 사이에서 사용된다고 알려져 있다.

4. 매트릭스(Matrix) 방식

매트릭스 방식은 폭과 깊이가 정해져 있는 특징을 갖고 있다. 예를 들어 2×10은 2개의 판매 조직을 10단계까지 허용하는 것이다. 3×10을 예로 들면 1단계에 들어갈 수 있는 판매원은 3명으로 제한하고 2단계에서는 9명, 3단계는 27명 등으로 10단계까지 속하는 판매원에 대해 수당이 지급된다. 또한 매트릭스 방식은 스필오버(spill over)를 많이 적용하는 편이다. 여기서 스필오버란 판매 조직에 진입하는 판매원을 순서대로 배치해 주는 것을 말한다.

5. 하이브리드(Hybrid) 방식

하이브리드(hybrid)란 '서로 다른 것의 혼합'이란 뜻으로 여러 가지 방식을 혼합한 방식이다. 바이너리 방식에 유니레벨 방식을 혼합한다든지, 유니레벨 방식에 브레이크어웨이 방식을 조합한 방식이다. 구조가 복잡하여 잘 사용되지 않는 편이다.

PV와 후원수당

다단계를 처음 접하는 20대에게는 생소한 용어인 PV. 다단계에는 생소한 용어가 더러 등장한다. 외국에서 들어온 판매 방식이다 보니 사용하는 용어도 따라 들어온 것 같다.

보상플랜에 따라 후원수당을 산정받는 과정에서 매출 실적을 모두 반영하여 주는 것으로 알았는데 그렇지 않은 경우가 있다면 의아하게 생각될 수 있다.

가령 30만 원어치 제품을 구입했을 때 30만 원을 기준으로 지급률을 적용하여 후원수당이 지급되는 줄 알았는데 꼭 그렇지 않은 경우도 있다는 것이다.

제품 구입 금액과 별개로 수당 지급의 기준이 되는 금액이 따로 있다는 것인데 다단계에서는 이것을 PV(Point Value)라고 부르며 일명 포인트 점수라고도 한다. 여기에서는 포인트를 편의상 화폐 단위로 표시하기로 한다.

예를 들어 제품 가격이 30만 원이고, PV가 10만 원이라면 수당 지급의 기준으로 삼는 금액은 10만 원이 된다. 제품 구입 가격 30만 원 그대로를 기준으로 해서 수당을 주면 될 텐데 별도의 기준을 정하는 이유는 무엇일까.

　PV는 다단계판매 회사가 제품별로 원가와 회사 마진의 비중이 어떤지를 분석하여 정하는 것이 일반적이다. 회사의 마진이 크면 판매원에게 후원수당도 넉넉하게 지급할 수 있어서 PV도 커지고 회사 마진이 적은 제품은 그 반대로 PV가 적어진다.

　가령 A제품 판매가격이 30만 원이고, 매입 원가가 9만 원이라면 원가율은 30%이다.

　판매가격 30만 원은 다단계판매 회사 입장에서 볼 때 매출액이 되고, 매출원가가 30%라는 얘기이다. 그러면 70%가 매출총이익이 되는 것인데 판매원 후원수당과 회사 임직원 급여, 임대료 광고선전비 등 일반관리비와 판매비가 60%라면 영업이익은 10%가 된다. 영업이익이 회사 기대치보다 낮아서 10% 이상으로 늘리려면 매입하는 원가를 낮추거나 관리비 또는 판매비용을 줄여야 한다. 그러므로 매입원가가 높은 제품은 PV를 낮게 책정할 수밖에 없고 매입원가가 낮은 제품은 후원수당 지급액을 상대적으로 높게 책정하는 등 앞뒤로 재어 가며 손익의 밸런스를 맞추는 것이다. 회사 입장에서는 당연히 그렇게 해야 한다.

　이런 연유로 인해 각 제품별로 PV의 값이 달라질 수 있는 것이다.

　그렇다면 매입하는 원가가 매우 높아서 극단적으로 PV가 없는 제품도 있을 수 있다는 가정을 해 볼 수 있다. 이때 수당을 받을 수 있을까? 이론적으로는 받지 못하게 되겠지만 현실적으로 PV가 없는 제품은 존재하지 않는다고 봐야 한다.

　다음의 예시 표를 참고해 주기 바란다.

제품	판매가격 (회원구매가)	PV	수당 지급률	수당 지급액
A제품	₩300,000	₩100,000	3% 시	₩3,000
B제품	₩200,000	₩120,000	3% 시	₩3,600

후원수당 지급률이 3%로 동일하다고 보고, B제품이 A제품보다 판매가격은 낮지만 PV가 높다면 A제품의 후원수당은 3,000원, B제품은 3,600원이 되어 B제품을 구입할 때 600원 더 높게 산정된다.

CV(Commission Value)라는 용어도 있는데, 수당 계산 기준치라는 면에서 PV와 비슷하다고 볼 수 있다. BV라는 용어도 있다. Business Value의 약자로서 대개 다음 직급으로 올라가기 위한 포인트라고 불리고 때로는 수당 지급 가능액을 나타내기도 한다. 업체마다 명칭이 조금씩 다르다.

후레시아웃(Flush-Out)

낙전수입(落錢收入)이란 말이 있다. 모두 사용하지 않아서 남는 수입을 말한다. 공중전화가 있던 시절 1백 원짜리 동전을 넣고 통화를 마친 후 2원이 남으면 소비자에게 거슬러 주지 않고 통신회사에 귀속된 경우를 예로 들 수 있다. 상품권이나 기프트카드의 액면 금액 중 3원이나 5원 등 자투리 금액을 거슬러 받지 못하는 경우도 낙전수입으로 볼 수 있다. 다단계에도 일종의 낙전수입이 되는 경우가 있다면? 지금은 많이 사라졌지만 보상플랜에 낙전수입이 될 수 있는 여지가 없는지 살펴볼 필요가 있다.

··· 후레시아웃

판매원이 쌓은 매출액과 실적은 열심히 노력하여 어렵게 만들어지는 것이다. 그런데 여러모로 노력하여 쌓인 실적 중에서 수당을 못 받은 채 소멸되는 부분이 있다면 이해하기 쉽지 않을 것이다.

다단계에서는 이를 '후레시아웃'이라고 한다. 단어 개념으로 보면 플러시아웃(Flush-Out)이 맞고 '흘려보내다'라는 뜻을 가지고 있으며, 매출 실적에 따르는 후원수당 지급 조건에 해당되지 않는 경우 그 실적 또는 실적에 상응하는 미지급 후원수당만큼이 회사로 넘어가는 것을 말한다.

많은 업체에서 "우리 보상플랜은 후레시아웃이 없다."라며 자기 회사로 오라는 손짓을 하기도 하는데 그만큼 후레시아웃이 있어 왔다는 반증이다.

일정한 기간 내에 매칭이 이루어지지 않는 부분의 매출 실적이 회사로 환원될 경우 후레시아웃에 해당된다고 보면 된다. (매칭: 하부라인 매출이 좌측 라인 100단위, 우측 라인 100단위가 될 때 후원수당 산정의 기준에 도달하는 것이라고 할 경우 좌우 100단위가 되면 이것을 매칭이 되었다고 하고, 한쪽이 100단위가 안 되면 매칭이 이루어지지 않았다고 한다.) 요약하면 매출에 대해서 후원수당을 받지 못하는 부분이 회사에 귀속되는 것을 후레시아웃이라고 하는데, 회사에 귀속시키지 않고 '롤업'시켜 주기도 한다. '롤업'은 수당 지급 조건에 미달하는 다운라인의 실적을 상위 라인에게 옮겨 주는 것을 말한다.

지금은 많이 사라졌지만 어떤 다단계업체에서 보상플랜에 이런저런 단서 조항을 만들어 후원수당을 지급해야 하는 실적을 회사에 귀속시키는 방식을 취하고 있다면 이런 업체는 기피하는 것이 좋다.

후레시아웃에 민감한 사람들 중 어떤 사람은 후원수당의 법적 상한선이 매출액의 35%이기 때문에 그 미만으로 지급되면 후레시아웃되어 회사로 실적이 귀속되는 것이라고 하는데 이것은 틀린 말이다. 매출총액과 대비하여 후원수당 지급총액이 35%가 안 되는 것만을 놓고 후레시아웃이라고 하는 것은 강박에 가까운 말이다.

가령, A업체의 1년간 매출총액이 100억 원이고 후원수당 지급총액이

27%인 27억 원이라고 하자. 후원수당 지급 상한선인 35%에 해당하는 35억 원과 지급률 27%에 해당하는 27억 원의 차액 8억 원을 회사에서 후원수당으로 지급하지 않고 가져가서 후레시아웃된 금액이라는 얘기인데, 회사에서는 8억 원을 가져간 일이 없으며 후원수당 지급률은 상한선인 35%까지 지급하든 그 이하의 지급률로 지급하든 회사마다 자율적으로 정하게 되어 있다.

다만, 후원수당의 산정과 지급 기준을 객관적이고 명확하게 정하도록 하고 있고 이것을 변경하려는 경우에는 「방문판매 등에 관한 법률 시행령」에서 정한 절차에 따르도록 하고 있다.

그러므로 후원수당 지급총액이 매출액의 27%든, 30%든, 35%든 후레시아웃과는 관계가 없다. 판매원은 후원수당 지급률의 상한선인 35% 내에서 지급률이 높은 업체를 선택하면 그만이다.

사재기 가능성

 매출 실적의 구간마다 후원수당 지급률이 다른 경우가 있다고 하자.
 예를 들어 본인의 그룹 또는 라인에서 500만 PV를 달성하면 3%가 지급되고 1,000만 PV 달성 시에는 5%가 지급된다고 보자. 500만 PV를 채우면 3%인 15만 원을 받게 되고 1,000만 PV를 달성하면 5%인 50만 원을 받게 된다. 문제는 900만 PV를 달성했을 때이다.
 여러분 같으면 어떻게 하겠는가? 1,000만 PV에 미달되어 그 이하의 지급률인 3%가 적용되는 27만 원(900만 PV × 3% = 27만 원)을 지급 받을지, 100만 PV를 더 채워 5%의 지급률에 의해 50만 원(900만 PV + 100만 PV = 1,000만 PV × 5% = 50만 원)을 받을지 고민에 빠지게 되지 않을까?
 이때 이른바 사재기가 발생한다. 실제로 생활에 필요한 제품을 구입하는 것이 아니라 후원수당을 더 받기 위해 100만 PV만큼의 제품을 더 구입하는 것이다. 이 과정에서 간과하지 말아야 할 것은 부족한 100만 PV를 채워서 더 받게 되는 수당보다 제품 구매액이 커질 수 있고, 사재기한 제품이 쌓이면서 비정상적인 영업으로 변질될 수 있다는 점이다.

··· 직급의 유혹이 가져오는 사재기 가능성

더 높은 직급으로 올라가기 위한 사재기도 맥이 닿아 있다.

일반 기업체에 사원, 주임, 대리, 과장, 차장, 부장 등의 직급이 있듯이 다단계판매 조직에도 직급이 있다. 업체마다 명칭은 다르지만 실적에 따라 여러 단계의 직급을 두고 있다. 보석 명칭을 사용하는 예가 많은데 아마 보석이 갖는 희귀성과 화려함 그리고 꿈을 이루어 가는 사람이라는 인식을 부각하고자 함이 아닌가 싶다. 직급별로 수당 지급 기준과 방식을 달리 정하는 곳도 있고, 직급을 유지하기 위해 직급별로 정한 기준 실적을 채워 나가야 한다는 곳도 있다.

직급과 관련되는 얘기를 좀 더 해 보자. 다단계회사에서는 정기적 또는 부정기적으로 판매원과 예비 판매원을 대상으로 여러 행사를 개최한다. 코로나 사태 이후 비대면 영업이 활성화되는 추세에 맞춰 온라인을 통해 행사를 진행하거나 유튜브(YouTube)를 통해 진행하는 경우도 있다.

회사마다 차이는 있지만 하루 일정의 원데이 세미나(one-day seminar), 1박 2일 일정으로 실시하는 컨벤션(convention), 리더십 세미나(leadership seminar), 지역별 행사, 연말이나 연초에 실시하는 그랜드 컨벤션(grand convention) 등 여러 종류의 행사를 개최한다.

명칭은 '세미나'이지만 주제 발표와 반론 제기, 토론으로 진행되는 일반적 세미나와는 차이가 있다. 회사에서 짜 놓은 일정에 따라 실시되며 '세미나'라는 용어가 생소한 사람들에게는 왠지 수준 있는 행사로 비치기도 한다.

하루 일정으로 실시하는 행사는 신제품 출시나 주요 프로모션 등을 공지할 필요가 있을 때 또는 급하게 공지할 일이 있을 때 주로 실시된다.

리더십 세미나는 일정 직급 이상의 판매원들을 대상으로 리더십 함양을 위한 교육 위주의 행사를 실시하는데 주제에 따라 몇 개 직급을 묶어서 실시하거나 특정 직급의 판매원만 모아서 실시하기도 한다.

일반 판매원이나 예비 판매원의 마음이 흔들리고 가슴이 설레게 되는 것은 대형 호텔에서 행해지는 대규모 행사(convention)일 것이다. 대개 유명 호텔이나 대기업 연수원 등에서 실시한다. 익숙하지 않은 사람들은 우선 행사장의 분위기에 압도당한다. 생각을 뛰어넘는 넓은 라운지와 높은 층고, 제복 입은 안내원들의 모습, 웅장한 회의장과 무대, 높은 데시벨의 행사 음악에 감흥이 고조된다.

업체마다 차이는 있지만 1박 2일의 컨벤션 일정은 예를 들어 다음과 같이 이루어진다.

1일 차

각 지역(센터)별로 점심 식사 후 오후 3~4시쯤 행사장 도착 - 회사소개 동영상 상영 - 공지사항 교육 - 출시 신제품 소개와 특장점·차별성 교육 - 제품 체험사례 발표 - 뷔페(buffet) 저녁 식사 - 장기자랑 - 승급식 - 회사 비전(vision) 교육 - 지역(센터)별 모임 – 취침

2일 차

조식 - 숙소 퇴실 - 오전 9시쯤 행사장 집합 - 프로모션 발표 - 판촉 정책 발표 - 외부 초청강사 강의 - 중식 – 해산

이와 같은 일정 중에서 판매원들이 각별하게 동기부여를 받고 도전

의식이 고취되는 행사는 두 가지. 회사 비전 교육과 '승급식'이다.

회사 비전 교육은 대개 최고 경영자(CEO)가 실시한다. 교육과 강의 내용에 무게를 실어 주기 위함이다. 일반적으로 현재 진행 중인 사업과 영업의 추진 경과, 회사가 미래를 향해 나아갈 지향점과 추진 방향이 강의의 주를 이룬다. 판매원들에게 꿈을 심어 주고 다단계에 대한 의지를 더욱 굳건하게 다지며 회사의 비전이 가져오게 될 미래가치도 제시해 준다. 다단계판매에 대한 자부심을 갖게 해 주고, 더욱 활발하고 치열하게 다단계판매에 임해야겠다는 신념을 심어 주는 데 초점을 둔다. 때로는 강의 시간에 유관 업체와의 협약식 등을 행하여 분위기가 한껏 고조되기도 한다. 다수의 많은 판매원들이 동기부여를 받도록 하는 데 초점을 두어야 하므로 다단계업체에서 입장에서는 그렇게 진행하는 것이 자연스럽다.

'승급식'은 종전 직급에서 상위 직급으로 올라가는 판매원들을 단상에 오르게 하여 승급된 직급의 배지(badge)를 수여하고 소감을 듣고 각오를 발표하는 등 매우 중요한 핵심 행사이다. 배지를 수여한다고 하여 핀 수여식으로도 부른다.

승급된 판매원이 등단하면 본인이 속한 라인의 차상위 직급자가 꽃다발을 주기도 하고 높은 직급으로 승급하는 판매원이 등단하면 하위 판매 조직원들이 단체로 축하해 주기도 한다.

승급 소감을 발표하는 시간은 대개 언제 입사했으며, 사연도 많았지만 어떠하게 극복해 왔고, 스폰서가 어떻게 도와주어서 이 자리에 설 수 있게 되었으며, 어떤 방법으로 조직을 늘려 왔고, 앞으로 더 노력하여 언제까지 어떤 직급에 도전하겠다는 형식으로 진행된다. 소감을 발표하면서 감격에 휩싸여 진심으로 눈물을 보이기도 한다. 일정 직급에 승급한 판매원들의 이름을 부를 때마다 울려 퍼지는 환호와 귓전을 때리는 팡파르(fanfare) 배경 음악, 박수와 갈채, 단상에 도열한 모습 등이 참석자들을 도전 의식으로 이끌어 간다. 도전 의식은 승급에 대한 의욕으로 발전하는데, 동기부여를 받는 것까지는 좋지만 무모한 직급 도전으로 이어지지 않도록 유의하는 것이 좋다. 자칫 잘못하면 부실 직급자가 되기 때문이다.

부실 직급자란 하위 판매 조직이 부실화되어 무늬만 직급자가 되는 사람을 말한다. 다단계에서는 승급 후 하위 조직이 와해되어도 직급을 그대로 호칭하는 것이 일반적이다 보니 판매 조직이 부실해져서 직급이 유명무실하게 되어도 표정 관리를 해 가며 품위를 유지해야 하는 난감한 상태에 놓일 수 있다.

일반 기업체에서는 승진하면 뒤따라 급여가 오르고 특별한 징계가 없으면 인상된 급여가 고정적으로 지급된다. 다단계 직급자도 승급하게 되면 안정적으로 고정적인 수입이 뒤따라오게 되는 것일까? 그렇지 않다. 간혹 직급자가 되면 그냥 가만히 앉아 있어도 안정적으로 꾸준히 돈이 들어온다고 홍보하는 사람이 있는데 전혀 그렇지 않다. 하위 판매 조직이 부단하게 움직여 주고 또한 움직이도록 해서 후원수당 지급 조건에 부합하는 실적이 있어야만 소득이 발생하는 것이지 직급자가 된다고 후원수당이 거저 들어오는 일은 발생하지 않는다.

직급자에게 '유지 매출' 개념을 적용하는 업체도 있다. 예를 들어 한 달 매출액이 어떤 직급은 얼마가 되어야 하고 어떤 직급은 얼마가 되어야 한다는 등 직급을 유지하려면 최소한 매월 얼마 정도의 기준 실적이

유지되어야 한다고 정하는 것이다.

아무튼 일정한 직급으로 상승하면 더 많은 후원수당을 받을 수 있다는 유혹은 가슴을 설레게 하고 이를 외면하기는 쉽지 않다. 다단계 특성상 직급이 올라갈수록 소득이 늘어난다는 것은 전혀 틀린 말이 아니다. 상위 직급자가 될수록 하위판매원이 많아져서 후원수당 수령액이 많아지기 때문이다.

문제는, 하위 판매 조직이 건설적으로 움직이고 제품을 구입하는 활동적인 판매원이 많아져서 진성 실적이 쌓여 자연스럽게 승급하는 경우는 괜찮지만 그렇지 않은 경우도 있다는 점이다. 직급에 눈이 어두워 무리수를 두게 되면 문제가 발생한다. 필요에 의해 제품을 구입하거나 사용하던 제품이 소진되어 재구매하는 행위에 기반을 두지 않고 직급에 오르기 위해 부족한 실적을 사재기로 메꾸는 현상이 벌어지고 만다. 지양해야 할 일이다.

직급에 관한 얘기가 좀 길어졌지만 이와 같이 직급을 둘러싼 여러 여건, 직급 상승의 욕망과 기대감에 의해 사재기가 발생할 가능성이 있으므로 각별히 주의를 기울여야 한다.

예를 들어 종전에 A직급에서 1%의 직급수당 지급률을 적용받았는데 B직급으로 승급하면 3%를 적용받는다고 하자. B직급의 최저 실적은 500만 PV인 데 비해 400만 PV를 달성했다면 100만 PV가 모자라서 3%를 적용받지 못하게 되므로 직급수당을 더 받기 위해 100만 PV를 사재기라도 해서 채우고 B직급에 도전하게 된다는 것이다.

과격한 발언을 하는 사람들은 사재기를 없애려면 직급을 없애야 한다는 말까지 한다. 여하튼 직급 사재기는 사라져야 한다.

⋯ 사재기와 재판매

다단계 판에서 재판매를 하는 경우도 있다? 무슨 얘기인가 싶겠지만 실제로 재판매가 이루어지기도 한다.

다단계업체에서 판매원과 거래함과 동시에 오픈마켓 등을 통해 재판매하는 일을 하지 않는다면 결국 일부 판매원이 재판매 행위를 한다는 것이다. 일부 판매원이 자신의 재고 제품을 온라인이나 지인들에게 오프라인으로 재판매하는 일이 있다는 것인데, 이것이 어떻게 가능한 것일까?

판매원이 사재기한 제품을 되파는 것이 그 가능성 중 하나이다.

다단계판매의 핵심 중 하나는 제품을 회원에게만 회원가격으로 판매하는 것인 데 반해 일반인이 더 싸게 온라인 등을 통해 구입할 수 있다면 다단계판매 흐름의 근간이 흔들리게 된다. 사재기한 제품을 온라인을 통해 싸게 재판매하거나 집에서 동네 사람에게 싸게 팔거나 자동차에 두고 다니면서 알음알음 판매하는 판매원이 있다면 다단계판매의 본질을 논하는 것조차 호사스러운 일이다.

어떤 다단계업체는 제품에 인터넷 판매 금지라는 라벨을 붙이기도 한다는데 그렇게 해도 재판매하는 판매원이 있다고 한다. 물론 대부분의 다단계회사에서는 소속 판매원의 재판매를 금지하는 규정을 만들어 놓고 있으며, 재판매 행위에 대해 다단계업체에서 해당 판매원에게 징계나 제재를 해도 판매원은 항변이 어렵게 된다는 점을 명심해야 한다. 독점규제 및 공정거래에 관한 법률의 '거래의 상대방의 사업활동을 부당하게 구속하는 조건으로 거래하는 행위'와 '부당하게 다른 사업자의 사업활동을 방해하는 행위' 조항에 해당되어 불공정거래행위로 판정될 수 있기 때문이다.

결국 재판매 문제를 해결하기 위해서는 사재기를 없애거나 사재기를 하지 않도록 하는 방법을 강구해야 한다는 지적이 많다. 사재기를 통해 직급자가 되어 승급에 상응하는 후원수당을 받아 가며 뒤편으로 제품을 재판매하는 일이 발생되지 않도록 해야 한다. 사재기가 재판매로 이어지는 일은 다단계의 발전을 스스로 저해하는 행위이다.

떴다방과 조직 이탈

흔히 일컫는 '떴다방'은 주로 어르신들에게 감언이설로 고가의 제품을 판매한 후 다른 곳으로 이동하여 다시 이 같은 행위를 반복해서 일삼는 업자를 말한다.

짧게는 1~2개월간 임차료를 먼저 지급하고 영업장소를 확보한 후 인근 동네 어르신들을 대상으로 판매 행위를 한다. 상대적으로 임대료가 저렴한 지하를 이용하는 경우가 많아서 '지하방'으로 불리기도 한다.

사람들을 불러 모으기 위해 두루마리 휴지나 플라스틱 바구니, 계란 등을 나누어 주고 홍보관이나 체험관이라는 이름으로 전단지를 뿌리고 주로 여성 어르신들을 유인하는 사례가 빈번했다. 생필품이나 품질 좋은 중소기업 제품을 저렴하게 판매한다고 홍보하고는 폭리를 취하였다. 몸에 좋은 기가 나온다는 팔찌, 목걸이, 반지부터 유리 냄비, 전기 레인지, 제대로 검증되지 않은 건강식품 등 판매 품목도 다양하다. 원가의 10배에서 30배를 넘는 금액으로 판매하는 경우도 있다 보니 피해로 인해 부부지간에 또는 부모 자식 간에 불편한 일이 초래되는 등 가정의 평화를 깨는 경우도 있었다.

관계 기관에서 꾸준한 단속을 실시하고 있지만 아직도 그런 피해 사례가 발생하고 있음은 안타까운 일이다.

… 다단계에도 일종의 떴다방이 있다?

과거에 이런 예가 있었다. 어느 날 말쑥하게 차려입은 중년 여성이 안내데스크에서 다단계업체의 대표이사 면담을 요청한다. 불쑥 찾아와 직원은 어리둥절하고 당황스러워 무슨 일로 오셨는지 물어보고 미리 약속을 하고 오셔야 한다고 응대한다. 중년 여성은 누구누구라고 하면 아실 거라며 재차 면담을 요청한다. 직원이 윗선에 보고하자 간부 직원이 나와 반색하며 정중하게 맞이하고 고위 임원에게 안내한다. 그러고는 한참을 면담한 후 임원이 엘리베이터 앞까지 깍듯이 배웅한다. 양쪽이 만족스러운 결과를 얻은 모습이다. 이 중년 여성 판매원은 다른 다단계판매 업체에 몸담고 있는 사람으로 몇백 명에 이르는 판매원을 이 업체에 통째로 데리고 오겠다며 요구 조건을 협상하러 온 것이다. 이 업체에 알고 지내는 판매원을 통해 회사에서 취급하는 제품과 보상플랜 등을 파악하고 이리저리 궁리하여 실무적 접근을 해 본 끝에 가능성이 있다고 생각한 후 몇 차례 실무 접촉을 하고 결실을 보기 위해 방문한 것이다. 조건은 직급에 관한 것이거나 센터(영업소) 개설 시 지원 사항 등이 담길 것이다.

이 같은 현상은 몸담고 있는 업체에서 판매 조직을 확대해 나가기에는 제품력이 한계에 달했다는 판단을 하고 다른 업체를 기웃거리는 경우가 원인이 될 수 있고 내부 갈등이나 불협화음 때문에 그럴 수도 있다.

궁금증이 생긴다. 상위 리더(leader) 판매원이 어디로 가자고 하면 가령 몇백 명의 하위판매원이 우르르 따라갈 수 있을까. 물론 한꺼번에 그렇게 되기가 쉽지 않기 때문에 제안하는 쪽에서는 서서히 움직일 것이라는 암시를 주고 내부 포섭에 나서게 된다. 몸담고 있는 회사의 경영진을 비난하고 음해하며, 다운라인에 제품이 부실하다거나 한물갔다고 소문을 퍼뜨린다. 회사 정책이나 방침 중 마음에 들지 않는 점을 부각시켜 이슈화하고 이탈을 부추긴다. 이런 상위판매원은 다른 업체에 가서도 기대에 어긋나면 또 다른 곳으로 옮길 소지가 있는 철새 판매원이라 해도 지나치지 않다.

판매원은, 회사에서 지시를 내리고 따르는 관계가 아니고 개인사업자의 지위로 영업활동을 하는 개념이어서 회사와의 결속력이 부족한 것도 떴다방이 발생하는 한 원인으로 보인다. 판매원과 회사 간의 결속력이 단단하다면 상호 신뢰감이 커져서 이와 같은 현상을 미연에 방지할 수 있지 않을까?

판매 조직이 이탈할 경우 그 조직의 상위 직급자는 앞서 말한 대로 무늬만 남는 직급자가 된다. 하위 라인의 이탈이 심화되면 수입이 폭삭 줄어드는 속 빈 강정의 직급자로 전락하게 되는 것이다. 직급자도 그렇지만 회사의 손실이 작지 않게 된다.

매출 실적의 저하와 함께 온갖 회사의 판매 관련 정보가 상대 업체에 왜곡된 상태로 흘러갈 수 있다. 떴다방은 사라져야 하고 원인이 될 수 있는 요소를 제거해야 한다.

법에서도 이 같은 판매원의 양도·양수를 금지하고 있다. 「방문판매법」 23조 11항을 통해 다단계판매원의 지위를 상속하는 경우 또는 사업의 양도·양수·합병의 경우를 제외하고는 다단계판매 조직이나 판매원의 지위를 양도·양수하는 행위를 하지 못하도록 하고 있는 것이다. 이를 위반하면 시정조치를 요구하고 최근 3년간 2회 이상 반복될 경우에는 1년 미만의 영업정지나 과징금을 부과한다.

유명 인사의 어록과 다단계

우리가 잘 알고 있는 워런 버핏(Warren Buffett)은 세계적인 주식투자의 귀재로 알려져 있다.

단기적 시세차익보다 기업의 내재가치와 성장률에 근거한 우량기업의 주식을 오랜 기간 보유하는 가치투자를 중시하는 것으로 유명하고 미국 경제전문지 『포브스』에 의해 세계 재력가 1위에 선정되기도 했다.

유명세를 타면서 그가 남겼다는 어록이 너무 많아서 모두 살펴보는 것이 벅찰 정도이다. 어디에서 어떤 배경으로 한 말인지 분명치 않은 것들도 있고 워낙 유명하다 보니 '워런 버핏 어록'이 등장할 정도이다. 주식 투자와 관련된 내용이 대다수를 차지하는데 참고로 몇 가지를 살펴보자.

- 사업을 이해하지 못한다면 그 회사 주식은 사지 말라.
- 주가가 반토막 났다고 겁에 질려 마구 팔아 치울 주식이라면 결코 투자해선 안 된다.
- 무리하게 빚내서 투자하지 말라.
- 가치 투자자가 되어라. 아주 오랜 세월 증명된 효과적인 투자법이다.

- 남들이 공포에 질렸을 때 욕심을 내고 남들이 욕심을 낼 때 조심하라.
- 어떤 주식이 가치 있는지를 정확히 알 수는 없다. 그러므로 안전지대를 확보하라. 잘 빠져나올 수 있다고 판단되는 종목에 투자하라.
- 시장은 때때로 아주 오랫동안 가치와 상관없이 움직인다. 그렇지만 결국 가치의 영향을 받는다.
- 투자는 이성적이어야 한다. 이해할 수 없으면 투자하지 마라.

이 외에도 많지만 다단계 일부 판매원이 금과옥조처럼 애용하는 말이 있다.

"잠자는 동안에도 돈이 들어오는 방법을 찾아내지 못한다면 당신은 죽을 때까지 일을 해야만 할 것이다."라고 말했다는 것이다.

그가 어디에서 어떤 배경으로 이 같은 말을 했는지 명확하지 않지만 만약 그렇게 말했다면 좋은 주식에 투자할 경우 잠자는 동안에도 수익을 창출해 줄 것이라는 원론적인 발언이었을 것이다. 일부에서 이 말을 세계적으로 유명한 워런 버핏이 다단계판매를 옹호하고 두둔하는 말을 한 것처럼 홍보한다.

어떤 사람은 사업설명 자료에 이 문구를 넣어 사용하기도 하고 다단계를 하면 잠자는 시간에도 돈을 벌어다 준다고 한다. 판을 깔아 놓으면 특별한 노력을 하지 않아도 인세나 권리 수입처럼 평생 돈이 들어오는 것이 다단계판매라며 워런 버핏도 이를 인정한 것으로 호도하는 것이다. 심각한 어불성설이다.

아무리 찾아봐도 워런 버핏이 다단계를 옹호하거나 다단계판매에 나설 것을 주문한 어록을 발견할 수 없었다.

다단계판매원 중에는 빌 게이츠의 연설문을 들먹이는 사람도 있다.

전 세계 PC 운영체제 시장의 75%를 점유하고 있는 마이크로소프트(Microsoft)의 창업주이자 윈도우(Windows)와 오피스(Office)를 소유한 덕분에 아주 오랫동안 세계 최고의 부호 자리를 유지한 빌 게이츠가 "내가 만일 마이크로소프트사를 차리지 않았다면 네트워크마케팅을 했을 것이다."라고 했다는 것이다. 그리고 "앞으로 네트워크 판매 방식이 세상을 지배하게 될 것"이라고 했다고 하며, A사에 대해 "세기 최후의 마케팅이라는 칭송을 받은 회사"라고 했다고도 한다. "다가오는 21세기에는 MS가 A사에 뒤처져 세계 두 번째가 될 것이다."라고 말했다는 것이다.

빌 게이츠가 이 정도로 인정한 사업이니 어서 다단계판매를 시작하는 것이 좋다고 홍보한다. 하지만 빌 게이츠가 이같이 말했다는 것은 전혀 근거 없는 것이며 마이크로소프트(Microsoft)사에서도 공식적으로 이를 부인했다고 한다. 정작 빌 게이츠가 언제 어떤 장소에서 그런 말을 했는지 제시하는 사람도 없다.

미국에서도 이 같은 빌 게이츠 어록을 갖다 붙이는 예가 많다고 하는데 MS는 빌 게이츠 어록을 공식적으로 부인했고 한국 A사도 "빌 게이츠 어록은 확인된 바 없다."라고 밝혔다.

빌 게이츠가 이런 말을 한 적은 있다고 한다.

"소프트웨어 개발비용은 비싸다. 그래서 누군가가 돈을 주지 않는다면, 뛰어난 소프트웨어는 결코 개발되지 못할 것이다."(1980년 데니스 배터리키츠와의 인터뷰)

"새로운 기준을 만들기 위해서는 새로우면서도 사람들의 상상을 사로잡는 것이 필요하다. 매킨토시야말로 이제껏 본 컴퓨터들 중 유일하게

그 기준을 만든 제품이다."(1984년 매킨토시 시연회)

어느 곳에서도 어느 때에도 빌 게이츠가 다단계에 관해 언급한 것을 발견할 수 없다. 그의 말을 갖다 붙이는 판매원이 없기 바란다.[5]

어떤 사람은 미국의 저명한 미래학자 앨빈 토플러(Alvin Toffler)를 등장시키기도 한다. 앨빈 토플러가 『제3의 물결』 저서를 통해 "앞으로는 프로슈머(prosumer)를 통해 보통 사람이 부자가 되는 시대가 될 것"이라고 했다면서 다단계판매야말로 보통 사람이 성공하는 시스템이라고 홍보한다.

프로슈머(prosumer)는 생산자(producer)와 소비자(consumer)의 합성어이다.

앨빈 토플러가 프로슈머라는 용어를 사용한 것은 맞지만 내용을 왜곡하고 있는 것으로 생각된다. 그는 『제3의 물결』 저서에서 프로슈머라는 용어를 처음 사용하였고 프로슈머는 제품 개발에 소비자가 직접 또는 간접으로 참여하는 방식이라고 했으며 생산자와 소비자의 경계가 허물어질 것이라 예견하였다. 제품 기획과 생산 단계부터 소비자 욕구를 파악하여 고객 만족(Customer Satisfaction) 전략을 취하게 될 것이라 했다.

시장에 나온 물건을 선택하여 소비하는 수동적인 소비자가 아니라 자신의 취향에 맞는 물건을 스스로 창조해 나가는 능동적 소비자의 개념으로 발전한다는 것이다.

반면에 앨빈 토플러가 말한 능동적 소비자처럼 다단계판매원이 제품 기획과 개발에 참여하고 있는지 분명하지 않을 뿐만 아니라 다단계 방식으로 판매한 반대급부로 후원수당을 받는 것이므로 앨빈 토플러의 프

---

5) 신호철, 빌 게이츠가 다단계 찬양?, 시사저널, 2006. 6. 5. (www.sisajournal.com)

로슈머와는 거리가 멀다고 할 수 있다.

그러므로 다단계에서 앨빈 토플러의 프로슈머를 동원하는 것은 적절하지 않다.

프로슈머에 관해서는 '소비자마케팅과 프로슈머'에서 더 자세히 알아보기로 하자.

워런 버핏이나 빌 게이츠 같은 세계적 유명인사 외에도 일반인이 알 만한 국내 연예인 등 유명인사와 친분을 과시하며 현혹 마케팅으로 문제를 일으키곤 했던 다단계업체도 여러 곳 있었다는 뉴스를 접하게 된다.

회사 이미지를 포장하기 위해 외식업체 대표나 연예인, 정치인 등 사회적으로 유명한 인사들을 고문이나 자문위원이라고 홍보해 판매원을 모집하는 곳, 업체 행사나 모임에 유명인사들을 초청해 촬영하고 활용하는 곳은 주의를 기울여야 한다.

판매 조직 확대와 매출을 늘리기 위한 방편으로 동원하는 것이지만 그들을 믿고 참여했다가 실망하여 되돌아서는 일이 있어서는 안 되겠다.

피해자이면서
가해자가 될 수도 있다

　다단계판매를 해 나가면서 큰돈은 아닐지라도 후원수당을 제때 수령하면 무리가 없겠지만 그 회사가 도산하거나 사회적 물의를 일으켜 피해자를 양산하게 되면 문제가 달라진다. 피해자는 불법 다단계에서 발생되는 경우가 대다수이다.

　후원수당을 지급받지 못하면 피해자가 되는 것은 당연하지만 하위판매원을 잘못된 방법으로 리쿠르팅(recruiting)하여 피해가 발생하면 가해자가 되어 형사 처벌의 대상이 될 수도 있다. 다만, 이는 피해자가 발생하는 경우에 해당되는 말이고 정상적인 다단계는 전혀 해당되지 않는다.

　피해를 입은 것도 억울한데 가해자도 될 수 있다니.
　"피해자들에게도 단기간에 고수익을 얻으려는 욕심으로 기망 행위에 속아 넘어가 범행의 발생 또는 확대에 책임이 있다."라면서 피해자들을 책망한 모 불법 다단계업체의 판결문이 있다. 하위판매원을 리쿠르팅(recruiting)할 때 "우리 업체에 오면 단기간에 고수익을 올릴 수 있다."라면서 피해의 확대에 책임이 있는 말을 하면 가해자로 둔갑할 수 있다는 뜻이다. 최근에는 특히 불법 코인 다단계에서 하위판매원을 소개하고 추천하여 수당(배당금)을 받은 후 피해자임과 동시에 가해자가 되고 형사 처벌을 받는 경우가 늘어났다. 자기네 코인이 거래소에 상장되면 대박이 난다고 하는 것도 위험한 말이다. 코인 다단계에서 어필(appeal)하는 상장은 증권거래소 상장과 크게 다름에도 불구하고 동일한 개념인 것처럼 혼동을 부채질하면 안 된다.

주식 거래는 금융감독원 등 여러 기관의 감독과 관리하에 있지만 코인은 개별 업자의 거래로 이루어지는 것이고, 우리나라의 경우 일일 변동 폭이 상한·하한 30%로 제한되어 있지만 코인은 제한 폭이 없어서 큰 위험성을 내포하고 있기도 하다. 더군다나 코인 다단계에서 말하는 불법 거래소는 한탕한 뒤 폐업해도 하소연할 길이 막막해질 우려가 있다.

피해자이면서 가해자가 되는 입장이 되면 수사기관에 신고하는 것도 꺼려 한다. 가해자로 지목되어 조사받을 수 있기 때문이다. 피해 규모에 따라 형량이 늘어날 수 있고 특경법(특정 경제범죄 가중처벌법) 적용 대상이 되면 실형 처벌도 면하기 어렵게 된다.

한편으로 '공모(共謀)'의 범위도 주의 깊게 살펴보아야 한다.

공모란 공동 모의를 줄여 이르는 말인데 통상 두 명 이상이 모여 어떤 뜻을 함께 도모하고 계획하여 피해를 끼치는 행위를 말한다.

불법 다단계업체나 유사수신행위 업체에서 공모로 연루되는 일이 많은데 합법 다단계에서도 피해자가 발생하면 피해의 성격에 따라 상위판매원은 공모로 몰릴 수 있고, 최상위에 있는 판매원들은 범행에 공모한 것으로 보고 수사받을 수 있다.

상위판매원뿐 아니라 피해가 발생한 다단계업체에서 단순히 월급만

받고 일한 임원이나 내근직 간부사원도 공모하였다는 범죄로 처벌받을 수 있다. 반드시 대표이사 등과 모여 작당하지 않았다고 해도 피해자를 양산한 업체에서 업무를 보았다는 것만으로 공모의 처벌을 받을 소지가 있는 것이다. 공모의 범위가 넓게 적용된다는 사실에 주목해야 한다.

처벌을 면하려면 가해자도 아니었고 공모한 것도 아니었다는 것을 입증해야 하고 해당 업체 때문에 피해를 보았다는 자료를 제출하여 소명해야 하는 등 절차가 매우 복잡하다.

주로 불법 다단계 또는 정상적인 영업을 하지 않는 다단계업체에서 빚어지는 일이기는 하지만 상황에 따라서는 이렇듯 피해와 가해의 줄타기를 할 수도 있는 판에 20대 청년은 더욱 끼어들지 말기를 권하고 싶다.

대표적인 세 가지 규제

다단계판매는 일종의 규제성 법률 적용을 받고 있는 것으로 보인다.

규제성 법률이란 어떤 업종을 육성하거나 발전시키기보다 규제를 통해 피해를 예방하기 위한 법이다. 「상수도 보호구역법」, 「기부 금품 모집 규제법」, 「화학물질 규제법」, 「카지노 규제법」 등을 예로 들 수 있다.

「방문판매 등에 관한 법률」은 다단계판매를 비롯해 방문판매, 전화권유판매, 후원방문판매, 계속거래 및 사업권유거래 등 5개 업종의 규제 조항을 담고 있다.

다단계판매의 대표적인 세 가지 규제 조항과 그 이유를 알아보자.

⋯ 취급상품 가격 제한

「방문판매 등에 관한 법률」에서는 다단계판매 시 개별상품 가격이 부가세 포함 200만 원을 초과할 수 없도록 하고 있다. 한 개의 상품당 200만 원을 넘는 고가의 상품은 취급할 수 없다는 의미이고 위반하면 시정권고와 시정조치명령, 과징금처분 및 1년 이하의 징역 또는 3천만 원 이하의 벌금에 처하는 벌칙 조항이 있다.

가격 제한은 그동안 물가 인상 등을 고려하여 몇 차례 개정이 있었다.

1995년 100만 원의 상품 가격 상한선이 정해졌고 2002년 130만 원, 2012년에 160만 원으로 상향 조정되었다.

만약 개별 재화의 가격이 200만 원 이하이지만 판매된 개별 재화가 그 자체로서 사실상 사용 가치가 없어서 다른 재화를 추가로 구매하여야 사용 가치가 있는 경우는 이들 재화들의 가격의 합계로 200만 원 초과 여부를 판단한다.

다단계 업계에서는 이에 관해 강한 불만을 제기해 왔는데 상품의 가격을 제한하는 것은 자본주의 시장 논리에 맞지 않으며 차별을 받고 있다는 것이 주된 이유이다.
한발 더 나아가 아예 상품 가격 한도를 폐지하여 자동차 등 모든 상품을 다단계에서도 취급하도록 허용해야 한다는 주장을 하는 사람도 있다.

다단계에서 취급하는 상품에 가격의 상한선을 두는 이유는 무엇 때문일까?
큰 틀에서 보면 관련 법률의 제정 목적대로 소비자의 권익을 보호하고 시장의 신뢰도를 높이기 위해서이다. 상품 가격 제한선을 높이거나 폐지할 경우 고가의 상품을 구입하기 위해 무리한 대출을 받는 등 피해를 발생시켜 시장의 신뢰가 깨진다고 보는 것이다. 일부 몰지각한 다단계판매업자들이 피해자를 양산했던 것도 상품가격 제한에 한몫했다고 볼 수 있다.
고가(高價)의 재화 또는 용역을 다단계 방식으로 판매하는 경우 판매마진이 크므로 고액의 후원수당 지급을 가능하게 하여 사행심을 유발할 우려가 있는 점을 감안한 정책으로도 보아야 할 것이다.

참고로, 공정위 예규 「특수판매에서의 소비자보호 지침」에 나와 있는 개별 재화 가격 200만 원 초과 여부에 대한 예시 가운데 두 가지를 살펴보자.

- 개별 재화의 가격이 200만 원 이하이지만 판매된 개별 재화가 그 자체로서 사실상 사용 가치가 없어서 다른 재화를 추가로 구매하여야 사용 가치가 있는 경우는 이들 재화들의 가격의 합계로 200만 원 초과 여부를 판단한다.
  - 주된 재화의 기능에 반드시 필요한 재화를 세트로 판매하는 경우, 주된 재화의 품질과 성능 유지나 안전을 위하여 필요한 재화를 세트로 판매하는 경우 또는 분리하여 개별적으로 판매하는 것이 기술적으로 매우 곤란하거나 상당한 비용을 요구하는 경우 이들 재화를 세트로 판매하는 경우는 세트를 개별 재화로 간주하여 200만 원 초과 여부를 판단한다.
- 위탁 또는 중개의 방식으로 재화 등을 판매할 경우, 다단계판매자가 위탁 또는 중개를 의뢰한 사업자로부터 받은 수수료가 아니라 다단계 판매원 또는 소비자에게 판매한 가격이 200만 원을 초과하여서는 안 된다.

⋯ 후원수당 지급률 제한

후원수당은 판매수당, 알선 수수료, 장려금, 후원금 등 그 명칭 및 지급 형태와 상관없이 판매업자가 소속 판매원에게 지급하는 경제적 이익을 뜻한다고 되어 있다. 직접 수당인 후원수당과 간접 수당으로 볼 수 있는 추천매칭수당, 직급수당, 비직영센터(영업소)지원금, 수당성(手當性) 프로모션비 등을 포함하는 모든 수당을 뜻한다.

공정위는 「'특수판매에서의 소비자보호 지침' 예시」에서 후원수당에 포함되거나 제외되는 사례를 아래와 같이 명기하였다.

- 다단계판매업자가 협력업체의 협찬 물품(냉장고, 정수기 등)을 제공받아 다단계판매원을 대상으로 매달 조건을 내걸어 경품으로 제공할 경우, 이때 조건이 ①다단계판매원에게 속하는 하위판매원들에 대한 조직관리 및 교육훈련 실적 또는 ②다단계판매원 자신의 재화 등의 판매실적이나 그 다단계판매원에게 속하는 하위판매원들의 재화 등의 판매실적과 관련이 있을 경우 후원수당의 범위에 포함된다.
반면에 수상 조건이 친절 사원, 사외 수상자(우수 시민상) 또는 각종 대회에서의 입상자에게 제공되는 경우는 후원수당의 범위에 포함되지 않는다.
- 센터지원비·사무실 운영보조금 등은 다단계판매업자가 부지를 얻어 본사 직원을 파견하여 운영하는 직영센터인 경우에는 후원수당에서 제외한다.
- 다단계판매업자가 불특정다수의 판매원을 대상으로 주최하는 판매원 교육훈련에 지출된 경비는 후원수당에 포함되지 않는다. 하지만 상위판매원이 하위판매원을 대상으로 주최한 교육훈련행사 경비를 다단계판매회사가 지급하는 것이나 판매실적 등 회사에서 요구하는 일정 요건을 달성한 특정 판매원만을 대상으로 교육훈련 등을 제공하기 위하

여 지출하는 경비는 후원수당에 포함된다.

이번에는 같은 지침에서 예시한 후원수당 상한선인 '35% 이내'에 해당하는 내용 중 두 가지를 살펴보자.

- 특정 다단계판매원에게 그 판매원의 매출 실적 대비 50%가 넘는 후원수당을 지급하였으나, 전체 소속 판매원에 대한 후원수당 지급액은 전체 매출액의 35% 이하일 경우
  - 후원수당의 총액 범위는 모든 판매원에게 공급한 물품의 총합계액, 즉 당해 회사의 전체 매출액을 의미하므로, 전체 매출액의 35%에 해당하는 금액의 범위 내에서 특정 다단계판매원에게 후원수당을 지급하는 것은 법에 위반되지 않는다.
- 판매실적과 관계없이 불특정 다수의 판매원을 대상으로 제품 가격을 할인하여 판매하는 것은 후원수당에 포함되지 않는다.
  - 다만 판매실적 등 다단계판매업자가 요구하는 일정 요건을 달성한 특정 판매원을 대상으로 제품 가격을 할인하여 판매하는 것은 판매실적에 따라 지급하는 경제적 이익의 제공에 해당하므로 후원수당에 포함된다.

다단계 업계에서는 후원수당 상한 지급률이 사행성 판매가 많았던 90년대 초에 만들어져서 현재의 시장 여건이 반영되지 못하고 있다고 보고 있다.

유사 업종인 후원방문판매의 총지급 한도인 38%와 비교해도 형평에 부합되지 않는다고 주장한다. 2023년 K 국회의원은 후원수당의 지급

총한도를 후원방문판매와 같이 38%로 올리는 법률일부개정안을 발의하기도 했지만 한국소비자원과 공정위는 후원수당 지급률을 상향하면 사행성을 부추기게 되고 소비자피해가 발생할 우려가 있다는 취지로 반대 입장을 피력했다.

경우에 따라서는 상품 가치에 비해 비싼 값을 치르게 될 수 있다는 주장, 고율의 후원수당 지급률로 인해 무리하게 판매원을 확장하는 부작용도 따르게 될 것이라는 주장, 상품 구매 개념에서 투자와 투기의 개념으로 변질되어 결국 사행성이 높아질 것이라는 주장이 힘을 받아 온 것으로 보인다. 후원수당의 총지급 한도가 2002년에 만들어져 22년이 지난 만큼 많이는 올리지 못해도 후원방문판매의 지급 한도까지 상향하는 방안은 재검토의 여지가 있지 않을까 싶다.

⋯ 사행적 판매원 확장 행위 등의 금지

무리수를 두어 가며 판매원을 늘려 나가는 것을 사행적 판매원 확장이라고 한다.

판매원을 확장함에 있어서 간악하고 바르지 못한 방법을 사용하면 그 폐혜가 막심할 것으로 보고 「방문판매 등에 관한 법률」 24조를 통해 아래와 같이 까다로울 정도로 금지 행위를 규정해 놓고 있다.

1. 재화 등의 거래 없이 금전거래를 하거나 재화 등의 거래를 가장하여 사실상 금전거래만을 하는 행위로서 다음의 어느 하나에 해당하는 행위 금지

- 판매원에게 재화 등을 그 취득가격이나 시장가격보다 10배 이상과 같이 현저히 높은 가격으로 판매하면서 후원수당을 지급하는 행위 금지
- 판매원과 재화 등의 판매계약을 체결한 후 그에 상당하는 재화 등을 정당한 사유 없이 공급하지 않으면서 후원수당을 지급하는 행위 금지
- 판매업자의 재화 등의 공급능력, 소비자에 대한 재화 등의 공급실적, 판매업자와 소비자 사이의 재화 등의 공급계약이나 판매계약, 후원수당의 지급조건 등에 비추어 그 거래의 실질이 사실상 금전거래인 행위 금지

2. 판매원 또는 판매원이 되려는 자에게 하위판매원 모집 자체에 대하여 경제적 이익을 지급하거나 정당한 사유 없이 후원수당 외의 경제적 이익을 지급하는 행위 금지

3. 후원수당 35% 이상의 지급을 약속하여 판매원을 모집하거나 가입을 권유하는 행위 금지

4. 판매원 또는 판매원이 되려는 자에게 가입비, 판매 보조 물품, 개인 할당 판매액, 교육비 등 그 명칭이나 형태와 상관없이 10만 원 이하로서 다음 어느 하나에 해당하는 금액 또는 다음의 구분에 따른 금액의 연간 총합계 5만 원을 초과한 비용 또는 그 밖의 금품을 징수하는 등 의무를 부과하는 행위 금지
- 다단계판매원 또는 후원방문판매원의 가입비 또는 회원자격 갱신의 경우: 1만 원. 이 경우 가입비 및 갱신회비는 가입 및 갱신을 위하여 다단계판매업자 또는 후원방문판매업자가 지출하는 실제 비용을 초과

할 수 없다.
- 판매 보조 물품을 구입하도록 의무를 부과하는 경우: 다단계판매원 또는 후원방문판매원 1인당 연간 3만 원. 이 경우 판매 보조 물품의 공급대가로 다단계판매원 또는 후원방문판매원으로부터 징수하는 금액은 다단계판매업자 또는 후원방문판매업자가 그 판매 보조 물품을 공급하는 데 드는 비용(그 비용이 판매 보조 물품의 시장가격 상당액을 초과하는 경우에는 시장가격을 말한다)을 초과할 수 없다.
- 교육을 받도록 의무를 부과하는 경우: 소비자보호 등을 위한 법령 준수에 관한 교육 등 공정거래위원회가 정하는 내용의 교육으로 한정하며, 다단계판매원 또는 후원방문판매원 1인당 연간 3만 원. 이 경우 징수하는 교육비는 실제 비용을 초과할 수 없다.
- 위에서 정한 것 이외의 것으로서 명칭이나 형태에 상관없이 비용 또는 그 밖의 금품을 징수하는 등 의무를 부과하는 경우: 1인당 연간 3만 원

5. 판매원에 대하여 상품권을 판매하는 행위로서 다음의 어느 하나에 해당하는 행위 금지
- 판매업자가 소비자에게 판매한 상품권을 다시 매입하거나 다른 자로 하여금 매입하도록 하는 행위 금지
- 발행자 등의 재화 등의 공급능력, 소비자에 대한 재화 등의 공급실적, 상품권의 발행규모 등에 비추어 그 실질이 재화 등의 거래를 위한 것으로 볼 수 없는 수준의 후원수당을 지급하는 행위 금지

6. 사회적인 관계 등을 이용하여 다른 사람에게 판매원으로 등록하도록 강요하거나 재화 등을 구매하도록 강요하는 행위 금지

7. 판매원 또는 판매원이 되려는 사람에게 본인의 의사에 반하여 교육·합숙 등을 강요하는 행위 금지

8. 판매원을 모집하기 위한 것이라는 목적을 명확하게 밝히지 않고 취업이나 부업 알선, 설명회, 교육회 등을 거짓 명목으로 내세워 유인하는 행위 금지

세세한 부분까지 무척 까다롭게 규정해 두고 있는데 피해를 예방하기 위한 것으로 봐야 할 것이다.

이 금지 조항을 위반하면 7년 이하의 징역 또는 2억 원 이하의 벌금에 처해지며 징역형과 벌금형은 병과(倂科)할 수 있도록 하고 있다. 미등록으로 다단계를 등록하거나 거짓말로 속여 등록하고 다단계판매 조직을 개설·관리·운영한 사람, 소비자피해보상보험계약을 체결하지 않은 사람에게 부과되는 벌칙과 같은 수준으로 처벌되는 것이다.

⋯ 다단계판매업체의 금지 행위

「방문판매 등에 관한 법률」 23조는 사행적 판매원 확장행위 외에도 다단계판매업체로 하여금 피해를 불러올 수 있는 여러 가지 행위를 하지 못하도록 하고 있다.

1. 재화 등의 판매에 관한 계약의 체결을 강요하거나 청약철회 등 또는 계약 해지를 방해할 목적으로 상대방을 위협하는 행위 금지

2. 거짓 또는 과장된 사실을 알리거나 기만적 방법을 사용하여 상대방과의 거래를 유도하거나 청약철회 등 또는 계약 해지를 방해하는 행위 또는 재화 등의 가격·품질 등에 대하여 거짓 사실을 알리거나 실제보다도 현저히 우량하거나 유리한 것으로 오인시킬 수 있는 행위 금지

3. 청약철회 등이나 계약 해지를 방해할 목적으로 주소·전화번호 등을 변경하는 행위 금지

4. 분쟁이나 불만 처리에 필요한 인력 또는 설비가 부족한 상태를 상당 기간 방치하여 상대방에게 피해를 주는 행위 금지

5. 상대방의 청약이 없는데도 일방적으로 재화 등을 공급하고 재화 등의 대금을 청구하는 등 상대방에게 재화 등을 강제로 판매하거나 하위판매원에게 재화 등을 판매하는 행위 금지

6. 소비자가 재화를 구매하거나 용역을 제공받을 의사가 없음을 밝혔는데도 전화, 팩스, 컴퓨터통신 등을 통하여 재화를 구매하거나 용역을 제공받도록 강요하는 행위 금지

7. 다단계판매업자에게 고용되지 아니한 다단계판매원을 다단계판매업자에게 고용된 사람으로 오인하게 하거나 다단계판매원으로 등록하지 아니한 사람을 다단계판매원으로 활동하게 하는 행위 금지

8. 소비자피해보상보험계약 등을 체결하지 않고 영업하는 행위 금지

9. 상대방에게 판매하는 개별 재화 등의 가격을 대통령령으로 정하는 금액을 초과하도록 정하여 판매하는 행위 금지

10. 본인의 허락을 받지 아니하거나 허락받은 범위를 넘어 소비자에 관한 정보를 이용하는 행위. 다만, 다음 각 목의 어느 하나에 해당하는 경우는 제외한다.
- 재화 등의 배송 등 소비자와의 계약을 이행하기 위하여 불가피한 경우로서 대통령령으로 정하는 경우는 제외
- 재화 등의 거래에 따른 대금을 정산하기 위하여 필요한 경우는 제외
- 도용을 방지하기 위하여 본인임을 확인할 때 필요한 경우로서 대통령령으로 정하는 경우는 제외
- 법률의 규정 또는 법률에 따라 필요한 불가피한 사유가 있는 경우는 제외

11. 다단계판매 조직 및 다단계판매원의 지위를 양도·양수하는 행위 금지. 다만, 다단계판매원의 지위를 상속하는 경우 또는 사업의 양도·양수·합병의 경우에는 제외한다.

언택트 시대와 다단계

앞으로는 코로나 이후 활성화된 비대면 마케팅(Untact marketing)이 한층 활발해질 것으로 전망된다.

언택트 마케팅은 글자 그대로 사람과의 접촉을 최소화하거나 없애는 등 비대면 형태로 이루어지는 마케팅을 말한다. 키오스크·VR(가상현실)·챗봇 등 첨단기술을 활용해 비대면으로 상품 거래가 이루어지는 것을 예로 들 수 있다.

언택트 시대는 비대면 비접촉 유통이 주를 이루게 되고 인건비 절감을 통해 합리적인 소비활동으로 이어져 유통혁명이 가속화될 것으로 전망되기 때문에 다단계가 추구하는 방향과 같다고 주장하는 사람이 있다.

회원제를 표방하는 멤버십(membership) 마케팅은 언택트 마케팅의 대표적인 수단이다. 네이버와 카카오의 회원제 마케팅을 예로 들 수 있고 쿠팡이나 옥션 등 온라인 회원 마케팅도 그 예에 속한다. 다단계판매도 회원제의 일종이므로 멤버십 영업으로 분류될 수는 있지만 다단계판매 방식과 연관 짓는 것은 어색하다.

언택트 시대는 인테넷과 모바일을 통한 쌍방향 소통으로 소호 기업이나 1인 기업이 더욱 신장하게 될 것으로 예상되고 플랫폼 사업이 각광을 받을 것으로 전망되지만 다단계판매원은 개별 사업자이긴 해도 언택트 시대의 1인 기업과는 차이점이 있다고 봐야 할 것이다.

다단계도 자기 회사의 홈페이지를 통해 제품 구입을 비대면으로 할 수 있어서 언택트 시대의 마케팅이라고 할지 모르지만 이런 영업은 다단계뿐만 아니라 이미 보편화된 영업 방식이고 다단계의 온라인몰(on-line mall) 운영은 소속된 회원들만을 위한 배타적인 폐쇄몰(exclusive mall)로 볼 수 있다. 그러므로 일각에서 언택트 시대라는 용어를 다단계에 대입하는 것은 합리적이지 않은 것으로 생각된다.

다단계판매원이 아닌 일반인을 대상으로 실시한 인식 조사 내용도 참고할 만하다.

세대별로는 20대가 가장 높은 53.4%의 응답률로 언택트 시대의 다단계 유통에 대해서 부정적이라고 인식했다. 스마트폰 등 모바일 기기를 가장 익숙하게 사용해 와서 언택트 시대에 최적화돼 있다는 20대의 진단이어서 시사점을 갖는다. 이어서 30대(52.5%), 40대(51.0%), 50대(50.0%)의 순이었다. 세대가 올라갈수록 부정적 인식이라는 비율이 다소 낮아졌다.[6]

다단계판매 시스템을 언택트 시스템으로 연결하여 설명하기보다는 회사에서 실시하는 비대면 영업 방침에 적응하고 잘 활용하는 것이 나을 것으로 생각된다.

---

[6] 김정우, 다단계판매 30년, 이미지 개선 "갈 길 멀다", 넥스트이코노미, 2021. 1. 8. (www.nexteconomy.co.kr)

다단계판매 업계에서는 규모 있는 다단계업체를 중심으로 언택트 시대에 다단계가 나아가야 할 방향을 다각도로 설정하며 변화를 모색하고 있다. SNS를 통해 다단계 영업(business)을 할 수 있는 툴(tool)을 만드는 일, 비대면 방식으로 제품의 정보를 제공하는 일, 소비자가 비대면으로 쉽게 회원으로 가입하도록 도와주는 일, 온라인으로 주문과 배송을 하는 일, 비대면으로 판매원과 스폰서 간의 소통을 강화하는 일, 판매원의 편의를 위해 앱을 개발하는 일 등을 예로 들 수 있겠다.

파레토 법칙, 부자 아빠

다단계에서는 때때로 '파레토 법칙'을 설명 자료로 사용하는 경우도 볼 수 있다.

파레토 법칙은 1896년 이탈리아 경제학자인 빌프레도 파레토에 의해 주창(主唱)된 것이다. 20%의 인구가 이탈리아 전체 부(富)의 80%를 소유하고 있다는 점을 지적하면서 널리 알려지기 시작했다. 이 논리는 여러 분야로 확대하여 응용된다.

이를테면 "능력이 우수한 20%의 사원이 회사 일의 80%를 도맡아 한다." "프로 운동선수의 20%가 전체 연봉의 80%를 차지한다."라는 논리이다.

다단계에서는 부(富)의 편중, 빈부 격차와 부(富)의 불평등을 거론하면서 파레토 법칙을 인용한다. 시간이 갈수록 부자는 더욱 부자가 되고 가난한 사람은 더욱 가난해지는 데 반해 다단계판매를 통해 가난한 사람도 얼마든지 부자가 될 수 있다고 설명한다.

물론 부의 편중 현상은 문제점이 많고 개선해야 할 과제이다.

실제로 진선미 의원실에서 국세청으로부터 받은 자료에 의하면 2022

년 1인당 연간 급여는 평균 4천214만 원으로 집계되었는데, 상위 0.1% 구간은 1인당 평균 9억 8천800만 원, 상위 1% 구간의 평균 소득은 3억 3천100만 원으로 나타났다고 한다.

상위 1%가 전체 근로소득에서 차지하는 비중은 2018년 7.3%에서 2022년 7.9%로 늘어났고, 상위 0.1% 구간은 그 비중이 2018년 2.1%보다 증가한 2.4%이다.

또한 같은 자료에 의하면 종합부동산세의 경우 2021년을 기준으로 상위 1%가 결정세액의 절반 정도인 49.2%를 납부하고 있는 것으로 나타났고, 상위 0.1%의 결정세액은 전체 결정세액에서 30.8%를 차지하였다. 종합부동산세를 낸 납세자는 101만 6천655명이었으며, 2021년 12월 기준 전체 국민(5천163만 8천809명, 통계청·연령별 인구 현황) 중 2%에 미치지 못했다. 기업은 어떨까. 2020년을 기준으로 법인세 신고 현황을 보면 상위 1%의 기업이 전체 법인세 신고액의 84%를 차지하였고, 상위 10%까지 확대하면 97%에 이른다.

다단계판매가 부의 편중을 완화시켜 누구나 부자가 되게 할 수 있을까?

앞에서 살펴본 대로 2023년 기준으로 상위 1% 미만의 다단계판매원이 전체 후원수당 지급액의 53.4%를 차지하였고 상위 5%까지 확대하면 81.1%를 점유했다. 더욱이 이런 현상은 한 해의 수치가 아니라 5년 이상의 자료에서도 대동소이하여 심화되고 있다.

다단계도 이처럼 부의 편중이 심한 상태이다. 누구나 쉽게 시작할 수 있지만 소득을 올리기가 쉽지만은 않은 다단계시장에서 누구나 부자가 될 수 있다고 하는 것은 가능성이 전혀 없는 것은 아니지만 현실적으로 매우 힘든 게 아닐까?

누구나 쉽게 시작할 수 있고 누구나 노력한 만큼 후원수당을 받을 수 있다고 설명하는 것이 좋을 것 같다.

어떤 판매원은 『부자 아빠 가난한 아빠』라는 책의 내용을 예로 들기도 한다.

이 책의 저자는 두 아버지와의 경험을 바탕으로 가난한 사람과 부자의 사고방식을 대조하여 설명했다. 안정된 직장에서 월급을 받고 돈을 어떻게 소비할지에 관심을 두는 사람은 가난한 아빠로 묘사했고, 자산을 이용해 어떻게 하면 돈을 더 벌 수 있는지에 관심을 두는 사람을 부자 아빠로 다루었다.[7]

때로 어떤 판매원은 가난한 아빠가 벌어들이는 돈만큼 지출하는 데 초점을 맞추는 반면 부자 아빠는 자산을 늘려서 일하지 않아도 소득이 발생하게 한다는 내용을 갖다 쓰는 경우가 있다. 본인의 개입이 없어도 꾸준히 수입이 발생하는 연금성 수입이 다단계판매가 가능하게 해 준다고 말한다. 일정한 판매 조직만 갖추어 놓으면 시간이 돈을 벌어다 주고 특별한 노력을 하지 않아도 연금성 소득이 발생할 수 있다고 보는 것 같다. 마르지 않는 샘의 수익 구조를 통해 누구든 가난한 사람도 다단계판매를 통해 부자가 되는 길이 열려 있다는 방식으로 설명한다. 하지만 다단계판매의 메커니즘(mechanism)상 지속적으로 판매원을 늘려 나가고 하위 판매 조직이 쉼 없이 제품을 구매하는 등 역동적인 판매 조직이

---

7) 로버트 기요사키, 안진환 역, 부자 아빠 가난한 아빠, 민음인, 2022. 10. 28.

되어야 기대치만큼의 후원수당을 수령할 수 있는 것이지 『부자 아빠 가난한 아빠』에서 말하는 이자나 임대료처럼 본인의 개입 없이도 나오는 연금성 소득은 아니다. 판매 조직을 부단히 지원하고 후원해 주어야 살아 움직이는 조직이 되고, 그 조직이 얼마만큼 활동적인가에 따라 후원수당 수령액이 비례하여 달라진다.

  그것도 이탈하는 사람 없이 하부 라인이 견고하게 유지될 때 비로소 가능하다.

소비자마케팅과 프로슈머

신입 회원을 참여시킬 때 "'다단계판매는 소비자마케팅'이다."라는 말을 즐겨 사용하는 경우가 있다. 다단계 회원이 곧 프로슈머(prosumer)라고도 한다.

··· 소비자마케팅

소비자마케팅이라는 용어는 얼핏 35만 명의 피해자를 발생시킨 제이유 네트워크의 '소비생활 공유 마케팅'과 비슷해 보인다. 물론 그것과는 다를지라도 "다단계 회원이 되면 일상생활에 필요한 제품을 소비하면서 동시에 캐시백이나 포인트를 통해 수익도 창출된다."라고 말하는 것 같다.

예를 들어 화장품을 구입한 후 좋은 점을 주위에 잘 전파하면 후기나 소감을 보고 들은 소비자가 그 화장품을 구입하고 이와 같은 과정이 연쇄적으로 발생하고 소비자가 소비자를 탄생시키게 되고 제품이 좋아서 소비자가 다단계판매원이 되는 과정이 이어지면서 소비자끼리 구매와 홍보를 담당하므로 소비자가 중심이 되는 마케팅이라는 것으로 들린다.

또한 일반 온라인(on-line) 쇼핑몰의 회원이 되어 제품을 구입하면 구매 금액에 따라 약간의 포인트를 받게 되고 포인트를 해당 온라인몰(on-line mall)에서만 사용이 가능한 반면에 다단계 소비자는 몇 퍼센트(%) 이상 되는 포인트를 현금으로 받게 되므로 어디서나 사용 가능하다고 한다. 여기에서 말하는 포인트란 자신이 제품 구매를 통해 발생한 매출액이나 하위판매원의 매출 실적에 대해 지급되는 후원수당의 개념일 것이다.

소비자가 일상생활에 필요한 제품을 다단계 회원이 되어 구입하고 회원이 회원을 낳아서 엄청난 후원수당(포인트)이 쌓일 것으로 설명하는 사람도 있지만 앞에서 살펴보았듯이 그렇지 못하다. 아무리 좋다고 강조해도 얼마나 돈벌이가 되었는지가 중요할 텐데 숫자로 결과를 살펴보면 좀 실망스러운 것이 사실이다. 상기해 보면 2023년 기준으로 등록되어 있는 판매원 720만 명 중 후원수당을 조금이라도 받은 사람은 125만 명이었고 이 판매원들은 1인당 한 달에 평균 11만 원을 후원수당으로 수령하였다.

이렇듯 '다단계는 소비자마케팅'이라고 하는 것은 판매원을 늘려 나가기 위한 용어의 하나로 사용될 수 있겠지만 실제 내용은 썩 와닿지 않는다.

한편 한국마케팅협회에서 정의한 바에 의하면 '마케팅'이란 "조직이나 개인이 자신의 목적을 달성시키는 교환을 창출하고 유지할 수 있도록 시장을 정의하고 관리하는 과정이다."라고 되어 있고, 마케팅을 구체화시키는 것을 마케팅 믹스 전략(marketing mix strategy)이라고 한다. 더불어 마케팅 믹스의 4요소는 소위 4p라고 하는 제품 전략(product strategy), 가격 전략(price strategy), 경로 전략(place strategy),

판촉 전략(promotion strategy) 등으로 구성된다.

다단계가 소비자마케팅이라면 다단계 소비자(회원)가 제품 개발과 출시 전략을 수립하는 데 참여하고 가격 정책과 판촉 전략, 유통 경로를 수립할 때 비로소 구현될 수 있을 텐데 '마케팅'이라는 용어를 붙여 사용하는 것도 어울리지 않는 것 같다.

소비자마케팅을 제대로 정의하자면 소비자의 욕구에 충실하고 소비자와 공감하며 소비자의 생각이 반영되도록 하고 소비자에게 기업의 소구점을 알기 쉽게 인식시킴으로써 기업과 소비자가 윈윈(win-win)하는 전략을 수립하는 것이라고 할 수 있을 것이다. 컬러마케팅(color marketing) 같은 것을 소비자마케팅의 일종으로 부르는 것은 손색이 없을 것이다. 색깔이 주는 이미지를 활용하여 소비자에게 가깝게 다가서고 구매 동기를 유발하는 마케팅 기법이다. '코카콜라'와 '신라면' 등의 빨간색 브랜드 이미지, 시원한 파란색 브랜드의 '포카리스웨트', 안전과 자연과 온화함의 녹색을 활용한 '네이버'와 '이니스프리' 등을 예로 들 수 있다.

⋯ 다단계 회원과 프로슈머

다단계 회원은 '프로슈머(prosumer)'이고 '다단계판매가 곧 프로슈머 마케팅'이라고 말하는 판매원도 있는데 앨빈 토플러(Alvin Toffler 1928~2016)가 말한 프로슈머와는 근본적인 차이가 있다.

앨빈 토플러는 『제3의 물결』 저서에서, 판매나 교환을 위한 것이 아니라 자신의 사용이나 만족을 위해 제품, 서비스 또는 경험을 생산하는 이들을 가리켜 '프로슈머'라고 정의하였고 개인이나 집단들이 스스로 생산(PROduce)하면서 동시에 소비(conSUME)하는 행위를 '프로슈밍(prosuming)'이라 하였다. 그는 『부의 미래』 저서를 통해 점점 더 깊이 있게 '프로슈밍'을 다루었다. 이에 관해 그가 언급한 내용을 간추려 보도록 하자. 다단계와 별로 관계가 없다는 점을 설명하기 위해 조금 길게 가져다 보기로 하자. 유심히 살펴 주기 바란다.

앨빈 토플러(Alvin Toffler)는 '숨겨진 절반을 찾아서(The Hidden Half)' 항목을 통해 추적되지도 않고 측정되지도 않으며 대가도 없이 대대적으로 경제 활동이 벌어지는 숨은 경제가 있다고 하였다. 비화폐의 프로슈머 경제(prosumer economy)를 말하는 것으로서 보이지 않는 프로슈머 경제를 통해 쓰레기를 치우는 등 수없이 많은 활동을 가정과 지역사회에서 무보수로 하고 있다고 하였다.

무보수 활동은 계량화가 불가능하며 이것이 프로슈밍의 화폐 경제의 산출과 거의 맞먹는다면, 숨은 절반에 해당하는 셈이라고 하였다. '의료 분야의 프로슈머(The Health Prosumers)'는 복지와 건강에 관한 경제적 산출에 기여할 수 있는 좀 더 적극적인 프로슈머이며 보건의료 분야에 있어서 무상으로 어마어마한 기여를 할 수 있다고 보았다. 자신들의 돈으로 이런 기여를 하고 있다면 생산자를 훈련시키는 만큼의 비용으로 프로슈머를 교육시키고 훈련시킬 수 있을 것이고 자가 치료용 기구 시장이 발달할 것이며 의료 전문지식의 전파가 확대될 것으로 보았다.

'제3의 직업(The Third Job)'과 프로슈머의 관계에 대해, 제1직업을 유급노동이라 한다면 제2직업은 무급노동이며 제3의 직업은 무보수 노동이 되어 우편물 조회, ATM기를 통한 현금 입출금 등 기업 영역의 많은 부분이 프로슈머에게로 이전될 것이라고 하였다. 그리고 프로슈밍과 생산 활동이 만났을 때 엄청난 부를 만들어 내게 된다고 하였고, 이것을 '다가오는 프로슈머의 폭발(The Coming Prosumer Explosion)'로 설명하고 있다. 프로슈머들은 경제적 부가가치를 창출하기 위해 땀의 분담(sweat equity), 즉 무보수 노동을 투입한다고 하였다. 경제적인 의미에서 보면 자원봉사자들은 보상 없이 가치 있는 서비스를 제공하는 프로슈머들이라며 가시(可視) 경제에 추가적인 공짜 점심(More Free Lunch)을 제공한 셈이라고 하였다. 자신과 가족 또는 공동체를 위해 무보수로 일하는 아마추어들이 과학과 기술 분야를 포함하여 다양하고 광범위한 분야에서 놀라운 위업을 이루었으며 과학 기술은 프로슈머들을 더욱 다양화시킬 것으로 내다보았다.

이 밖에 앨빈 토플러는 '음악폭풍(The Music Storm)'과 '창조생산성 호르몬(The Producivity Hormone)', '보이지 않는 경로(Invisible Channels)' 등의 항목을 통해 프로슈머가 미래의 혁명적인 부 창출 시스템의 성장에 역동적인 역할을 담당하고 있다고 강조하였다.

특히 그는 프로슈머와 프로슈밍이 최소한 12개 정도의 중요한 경로를 통해 화폐 경제와 가치를 교환하며 상호 작용한다고 보았다.

프로슈머는 제3의 직업과 자가 서비스 활동을 통해 무보수로 일을 수행하고, 자신의 도구와 자본을 화폐 경제 사용자들에게 빌려주며 영리를 추구하는 기업들에게 유용한 무료 정보를 제공하고, 소비자의 힘을 강화시킴과 동시에 혁신을 가속화한다는 등의 경로이다.[8]

---

[8] 하이디 토플러·앨빈 토플러, 김중웅 역, 앨빈 토플러 부의 미래, 청림출판, 2022. 6. 22., pp. 223-298.

앨빈 토플러(Alvin Toffler)가 『부의 미래』에서 언급하고 예견한 프로슈밍과 프로슈머는 이처럼 비화폐 경제 안에서 벌어지는 자원봉사 활동의 경제적 가치에 주안점을 두고 있고 부의 미래는 단순하게 돈의 문제가 아니라고 결론짓고 있다.

다단계 회원이 프로슈머이고 다단계판매가 프로슈밍이라는 말과는 거리가 있다.

다단계에서 프로슈머를 인용하여 사용하는 경우를 들여다보자.

다단계는 생산자와 직거래를 하므로 중간 유통이 생략되어 저렴한 가격으로 제품을 공급하게 되고 다단계 회원이 소비와 홍보를 하여 다른 사람에게 구입을 권유하므로 프로슈머 마케팅이라고 한다. 한발 더 나아가 다단계판매가 제3의 물결이라고 하는 사람도 있다. 앨빈 토플러(Alvin Toffler)가 『제3의 물결』에서 말한 프로슈머의 내용과는 많이 다르고 비약이 심한 것 같다.

앞장에서 살펴보았듯 다단계에서 판매하는 제품은 일반 공산품의 유통 채널과는 근원적 차이점을 갖고 있다. 판매 조직에서 구입할 만한 제품, 후원수당을 지급하기에 적절한 제품, 다단계회사와 판매원 간에 적절한 이익 배분이 될 수 있는 제품을 주로 OEM이나 ODM 방식으로 생산하여 소속 판매원에게만 공급하는 특수성을 갖고 있기 때문에 중간 유통이 생략된다거나 유통 비용이 축소된다는 논리가 일반 공산품 유통과 비교되기 어렵다는 점은 살펴본 바와 같다. 제조업체는 생산만 담당하고 판매와 판촉 등 모든 것은 생산소비자인 판매원이 역할을 맡아서 하기 때문에 다단계판매는 제조업체와 소비자(회원)가 수익을 공유하는 경제 공동체가 된다는 것도 같은 이유에서 논리의 결함을 안고 있다고 볼 수 있다.

일반 소비자는 광고를 보고 제품을 구입하여 제조 기업만 배부르게 하는 데 반해 다단계 회원은 본인이 사용한 제품의 좋은 점을 다른 사람과 공유하면서 부를 창출해 나가므로 프로슈머라고 하는 사람도 있다. 누누이 말하지만 다단계 제품은 상대적으로 일반 소비자가 구입하는 제품 경로와는 달리 배타적이고 폐쇄적인 유통 경로를 갖고 있다.

다른 사람과 제품의 좋은 점을 공유하며 부를 창출한다는 어감상 많은 부를 누릴 수 있다는 느낌으로 들릴 수 있지만 다단계판매를 통한 부의 창출은 용이하지 않다. 2023년을 기준으로 다단계판매원 중 후원수당을 수령한 판매원은 17.4%에 불과하였다.

지금까지의 소비 형태를 다단계로 갈아타면 소비를 통해 돈을 버는 프로슈머로 바뀌게 된다고도 하고, 다단계판매원이 유통단계에 참여하고 제품 개발과 생산에 적극적으로 관여하기 때문에 프로슈머라고도 한다. 소비가 곧 소득으로 이어진다고 들릴 수 있는데 일반인이 다단계 제품 소비를 통해 얼마만큼의 돈을 벌 수 있을지 궁금하고, 유통단계에 어떻게 참여하고 있는지, 제품 개발과 생산에 접근할 여지가 별로 없어 보이는데 어떻게 관여하고 있는지도 분명하지 않다.

이와 같은 점들을 두루 살펴볼 때 앨빈 토플러(Alvin Toffler)가 말한 프로슈머의 개념은 다단계 회원이 프로슈머라는 개념과 다른 것으로 볼 수 있다.

4차 산업혁명과 다단계마케팅

다단계판매가 '4차 산업혁명 시대의 대안'이라는 말도 다단계를 어필(appeal)하는 재료로 등장한다.

'4차 산업혁명'이라는 용어는 '다보스 포럼'이라고 하는 세계경제포럼(WEF, World Economic Forum)의 창시자 독일 태생 클라우스 슈밥(Klaus Schwab) 교수에 의해 알려지기 시작했다. 세계경제포럼은 스위스 제네바에 본부를 두고 있으며 기업인, 경제학자, 시민단체 등이 참여하여 경제 문제를 논의하는 포럼이다.

한편에서는 인공지능 등이 오래전부터 연구되어 온 것이기 때문에 '4차 산업혁명'이라는 것은 실체가 분명하지 않은 용어라는 비판적 시각을 보이기도 한다.

『클라우스 슈밥의 제4차 산업혁명』 저서를 통해 그는 4차 산업혁명의 방법론으로 체내 삽입형 기기, 디지털 정체성, 새로운 인터페이스로서의 시각, 웨어러블(Wearable) 인터넷, 유비쿼터스(Ubiquitous) 컴퓨팅, 주머니 속 슈퍼컴퓨터, 누구나 사용할 수 있는 저장소, 사물 인터넷(Internet of Thing), 커넥티드 홈(Connected Home), 스마트 도시, 빅 데이터를 활용한 의사결정, 자율주행 자동차, 인공지능과 의사결정,

인공지능과 화이트칼라, 로봇공학과 서비스, 비트코인과 블록체인, 공유경제, 정부와 블록체인, 3D 프린팅 기술과 제조업, 3D 프린팅 기술과 인간의 건강, 3D 프린팅 기술과 소비자 제품, 맞춤형 아기(Designer Beings), 신경기술 등을 제시하고 있다.

4차 산업혁명은 대량 실업이나 실직 사태를 가져오기 때문에 해고나 실직에 관계없이 일할 수 있는 다단계판매가 시대의 트렌드라는 것인데, 앞서 언급한 슈밥 교수의 저서 내용 중 「제4차 산업혁명의 영향력」의 '노동력의 위기'와 '노동의 본질'을 중심으로 분석해 보자.

노동력의 위기와 노동의 본질

슈밥 교수는 제4차 산업혁명이 세계적으로 노동시장과 업무 현장에 변화를 가져온다는 사실은 피할 수 없는 일이지만 인간 대 기계의 딜레마로 해석해서도 안 된다고 하였다.

과학 기술이 일자리에 영향을 미칠 것이라는 두려움은 언제나 존재했지만 인간은 놀라운 수준의 적응력과 독창성을 가지고 있다고 보았다. 과거에도 기술 혁신으로 몇몇 일자리가 사라졌던 것이 사실이나 이 때문에 새로운 분야의 직업이 발생했으며 기술 혁신이 파괴적일 수 있지만 기술 낙관론자에 의하면 결국 생산성을 높이고 부를 창출하여 재화와 서비스의 수요를 증대시켜 이를 충족시키기 위한 새로운 일자리를 창출한다고 믿고 있음을 나타냈다.

그렇다. 4차 산업혁명 시대에 고소득 전문직과 창의성을 요하는 직군과 노무직에서는 고용이 늘어나고 단순 반복 업무 일자리는 줄어들 것으로 전망된다고 하지만 고용에 미치는 기술의 영향력과 직업의 미래라는 양극화된 시각으로 자동화와 노동 대체 현상을 이해해서는 안 되는 것이다.

제4차 산업혁명 시대에는 기술 혁신의 진보가 빠른 점을 감안하여 노동자가 적응해 나가면서 새로운 능력을 배우고 다양하게 접근할 수 있는 능력을 구축하는 것이 중요하다.

슈밥 교수가 말한 것처럼 노동시장의 성장을 저해하지 않고 노동자들이 원하는 방식으로 일할 수 있는 선택권을 침해하지 않는 선에서 휴먼 클라우드가 노동력 착취로 이어지지 않도록 감시해야 한다고 하였다. 심화된 복잡성과 초전문화(超專門化)의 조합으로, 목적의식이 뚜렷한 직업에 종사하고픈 바람이 가치의 우선이 되는 시점에 와 있다는 것이 '노동력의 위기'와 '노동의 본질'이라 할 수 있다.[9]

위에서 슈밥 교수의 설명을 살펴본 바와 같이 기술 혁신이 가져오는 노동시장 내 양극화 현상은 어느 정도 예견되고 중간소득층의 일자리는 크게 줄어들 것으로 전망되기도 하지만 새로운 포지션과 직업이 등장할 것으로 보는 것이 노동력 위기에 관한 요지이다.

물리학과 생물학 기술의 융합으로 인간의 노동력과 인지 능력을 고취시켜 왔음도 강조하고 있다.

2016년 10월 18일 슈밥 교수가 한국을 방문하여 한전아트센터에서 행한 연설에서도 "4차 산업혁명이 가져올 변화에 대한 리스크를 생각

---

9) 클라우스 슈밥, 송경진 역, 클라우스 슈밥의 제4차 산업혁명, 메가스터디북스, 2016. 4. 20., pp. 65-85.

하기보다 기회를 잡는 것이 중요하다."라고 강조한 것으로 알려져 있다. 초·중·고·대학 등 정규 교육을 받고 좋은 기업에 들어가는 것을 최고의 미래로 여기던 생각에 머문다면 4차 산업혁명 시대에는 일자리를 걱정해야 할지 모른다며 가장 중요한 것으로 제시한 것은 '혁신과 창의성, 유연성'이었다.

일부 다단계판매원이 말하는 것처럼 4차 산업혁명 시대라고 하여 이유 불문 대량 실업이 발생되는 것은 아니며 실직과 해고 시 대안의 하나로 꼭 다단계판매를 선택해야 하는 것도 아니어서 '4차 산업혁명'을 '다단계마케팅'으로 연결시키는 것은 무리가 있어 보인다.

··· 다단계판매가 4차 산업혁명의 대안일 수 있을까

4차 산업혁명을 대량 실업 예상론으로 과도하게 다단계에 접목시키는 것은, 미래 일자리가 많이 줄어드는 것을 다단계가 해소할 수 있으며 다단계판매가 대안이 되는 직업이 될 것이라는 인식을 밑바탕에 깔고 있다.

4차 산업혁명이 가속화될수록 사람이 반복적으로 행하는 일은 인공지능과 로봇으로 대체되어 일자리의 축소로 이어질 수밖에 없고 미래 당신의 일자리가 사라질지도 모른다. 불안하지 않은가? 미리 대비해야 하지 않겠는가? 사람 대 사람의 관계로 이루어지는 다단계판매가 답이다. 이런 인식을 바탕으로 다단계판매는 4차 산업혁명 시대에도 영원히 지속된다는 방식으로 어필한다. 하지만 다단계가 미래에 각광받는 답이 될 수 있을지는 미지수이다.

4차 산업혁명으로 인해 직장 등에서 종사하는 기간이 단축되는 현상이 가속화될 전망이고 이에 대응하기 위해서는 평생 직업이 필요한데 다단계판매를 평생 직업으로 삼으면 노후자금의 걱정을 덜어 주게 된다고도 한다. 후원수당 수령액 통계를 볼 때 다단계가 노후자금의 걱정을 덜어 줄 수 있는지는 의문이다.

두려움을 다단계가 해소시켜 줄 수 있다는 뉘앙스를 주기도 한다. "다가오는 실업 대란의 시대에 대비하여 미리 발 빠르게 준비하지 않으면 시대 흐름에 뒤처진다. 다단계를 하는 것이 첩경이다."라고 한다. 다단계를 하는 것이 시대 흐름에 부응하는 것이라고 한다.

일부에서는 이런 주장을 하기도 한다. 미래에 운전을 직업으로 삼는 사람과 가게 점원 등의 분야에서는 30~40%의 사람들이 일자리를 잃어버리게 될 것이고, 많은 의사와 변호사 회계사 등 전문직 분야도 마찬가지로 직장을 잃을 것으로 예측된다고 한다. 핀테크(금융과 IT기술이 결합된 신조어)와 인공지능기술 같은 것은 일부의 사람만 습득하고 소유함에 따라 양극화가 발생하게 되지만 다단계판매는 인공지능이나 로봇이 대신할 수 없는 '사람과 사람의 관계'에서 이루어지기 때문에 끄떡없다는 논리이다. 4차 산업혁명의 기반이 되는 AI(Artificial Intelligence)나 IT(Information Technology) 종사자는 전문가가 되기 위해 많은 시간과 비용이 들지만 다단계판매는 자격증이나 전문 지식, 창업 비용이 없이도 가능하다고 한다. 어긋난 주장이라고 할 수 없고 어떤 면에서는 타당성이 있는 말이다. 그렇다고 20대 청년에게도 이렇게 설명해 가며 다단계판매에 진입해 볼 것을 권할 수는 없지 않을까?

다단계가 4차 산업혁명 시대의 대안이라는 말과 달리 슈밥 교수는 위의 저서를 통해 "제4차 산업혁명이 분열적이고 비인간화되기보다는 인간에게 힘을 불어넣어 주고 인간이 중심이 되게 한다. 비단 특정 이해관계자나 부문, 지역, 산업, 문화가 할 수 있는 일이 아니라 모든 국가와 경제, 부문, 개인이 서로에게 영향을 주고 또 영향을 받는 글로벌한 특성이 있다."라고 하였으며 "교류와 협력을 통해 전 세계의 개인과 조직이 변화의 진행에 참여하여 그 수혜를 입을 수 있도록 하는 긍정적이고 희망찬 공론의 장을 만들어 내야 한다."라고 강조하였다.[10]

---

10) 위의 책, p. 14 참고.

다단계판매와 블루오션

'블루오션(blue ocean)'은 넓고 푸른 큰 바다, 고기가 많이 잡힐 수 있는 곳, 잘 알려져 있지 않아서 경쟁자가 없거나 미약하여 시장이 큰 분야를 의미한다.

이와 반대로 이미 시장이 성숙되어 있거나 포화되어 있어서 경쟁이 매우 치열한 시장은 '레드오션(red ocean)'이라고 부른다.

블루오션에서는 시장 수요가 경쟁이 아니라 창조에 의해 얻어지고, 여기엔 높은 수익과 빠른 성장을 가능케 하는 기회가 존재한다. 따라서 블루오션은 아직 시도된 적이 없는 광범위하고 깊은 잠재력을 가진 시장을 비유하는 표현이다. 이 용어는 프랑스 인시아드 경영대학원의 국제경영 담당 석좌교수이며 유럽연합(EU) 자문위원인 김위찬 교수가 학교 동료인 르네 모보르뉴 교수(인시아드 전략 및 경영학 교수)와 함께 제창한 기업 경영전략론 '블루오션 전략'에서 유래한 것으로 알려져 있다.

기업들은 발상의 전환을 통해 산업혁명 이래로 끊임없이 거듭해 온 경쟁의 원리에서 벗어나 고객들에게 차별화된 매력적인 상품과 서비스를 제공하여 누구와도 경쟁하지 않는 자신만의 독특한 시장을 만들어야 한다는 것이다.

많은 기업들이 블루오션을 표방하며 블루오션 시장을 개척하기 위한 일환으로 생각지 못한 뜻밖의 신제품을 내놓거나 개발에 나서는 이유도 간섭과 방해를 받지 않고 큰 시장을 개척해 나갈 수 있기 때문이다. 또한 같은 이유에서 레드오션 시장에서 블루오션으로 갈아타기 위한 노력도 치열하게 전개되고 있으며 좋은 영업실적과 결과를 영원히 지속하는 분야란 있을 수 없으므로 영원한 블루오션은 존재할 수 없게 된다.

⋯ 블루오션 시장의 특징

블루오션 시장의 특징을 네 가지 정도로 요약하면, '제대로 개척하지 않은 시장', '무한한 잠재력과 가능성을 가진 시장', '새롭고 독창적인 시장', '고속 성장 및 높은 수익의 기대감이 예상되는 시장'으로 정리될 수 있다.

이와 같은 특징을 모두 대변하는 대표적 블루오션 시장 개척의 예로 '일론 머스크의 우주산업 진출'을 들 수 있다. 과거에는 막대한 자금과 기술력의 한계로 국가 주도로 이루어진 우주산업을 상업화의 블루오션 시장으로 개척한 것이다. 그가 우주산업 진출을 꾀할 때 반신반의했던 사람들이 이제는 앞다투어 그의 민간 우주 기업 투자에 나서고 있다. 장기적 목표로 '화성의 식민지화'를 모토로 하는 일론 머스크의 '스페이스X'는 상업용 위성 발사 시장에서 점유율(40%) 1위를 기록하고 있으며 기업가치가 1,000억 달러를 넘어선 '헥토콘' 기업이 된 것으로 알려졌다. '헥토콘'은 기업가치 1,000억 달러 이상인 비상장 스타트업을 말한다.

또 다른 블루오션 시장으로 백신 시장을 예로 들 수 있다.

글로벌 백신 시장 규모는 2020년을 기준으로 230억 6,500만 달러에 달하고 있으며 최근 5년간 평균 성장률은 6.5%인 것으로 나타났다. 주요국 중 가장 높은 성장률을 보인 국가는 중국으로 43.4%, 우리나라는 30.1%, 그리스 19.6%, 독일 18.9% 순이었다.

코로나바이러스로 인해 각국에서 백신 개발을 위한 정책 수립 및 투자를 본격화하는 등 백신 산업 성장과 백신 주권 확보에 주력하고 있는 관계로 세계적인 백신 시장은 더욱 확대될 것으로 전망되고 있다.[11]

헬스케어 시장도 블루오션으로 떠오르고 있다. 평균 수명이 늘어나면서 건강하고 장수하고자 하는 욕구에 맞추어 건강관리를 좀 더 체계적으로 관리할 수 있도록 도와주는 시장이 커지고 있다. 글로벌 조사 기관인 GIA(Global Industry Analysts)의 보고서에 따르면, 2020년 1,525억 달러 규모였던 글로벌 디지털 헬스케어 시장이 2027년에 이르러서는 5,088억 달러에 달할 것으로 전망되었다.[12]

이 밖에도 고령화를 대비하여 영양소와 편의성에 역점을 둔 고령친화식품, 급성장이 예상되는 식용 곤충 시장, 현실 세계와 같은 사회·경제·문화 활동이 이루어지는 3차원 가상 세계를 일컫는 메타버스 등 다방면에서 블루오션 시장이 들썩이고 있다. 메타버스란 '가상', '초월' 등을 뜻하는 '메타(Meta)'와 우주를 뜻하는 '유니버스(Universe)'의 합성어로 일부에서는 2030년에 우리나라 메타버스 시장이 400조 원대로 급격히 커질 수 있다는 전망까지 내놓고 있다.

---

11) 식품의약품안전처, 2021년 상반기 백신 산업 최신 동향집, 2021. 10. 22.
12) 김맹근, [4차산업 헬스케어⑪] 글로벌 "디지털 헬스케어" 시장 동향, 디지털비즈온, 2022. 5. 16. (www.digitalbizon.com)

최근에는 그린오션이 대두되고 있는데, 친환경 가치를 경쟁요소로 내세우는 시장을 의미한다. 무분별한 경제개발보다는 환경을 보호해야 한다는 목소리가 커지면서 생겨난 트렌드(trend)이다. 환경과 에너지 기후문제 등의 해결에 기여하는 '저탄소 녹색경영'을 통해 새로운 시장과 부가가치를 창출하는 것을 말한다.

··· 다단계와 블루오션

그렇다면 다단계가 블루오션이라고 말하는 판매원은 어떤 논리로 그러는 것일까?

"다단계판매에 대한 이해 부족과 불법 다단계의 피해로 인해 다단계에 대한 인식이 좋지 않다는 것은 역설적으로 그만큼 다단계시장이 넓은 것을 의미하기 때문에 블루오션이다."라고 한다. 그만큼 경쟁 강도(强度)가 약한 분야이므로 널리 다단계판매의 가치를 전파하고 비즈니스로 연결할 수 있어서 블루오션 시장이라는 것이다. 곧 다단계에 대한 인식이 좋아질 것이기 때문에 블루오션이라는 말이다. 우수하고 좋은 제품을 사용하는 다단계판매원이 전체 인구로 볼 때 아직은 많지 않기 때문에 블루오션이라고도 한다.

다른 분야는 이미 태반이 레드오션인 데 비해 평범한 사람도 성공할 수 있는 블루오션이 다단계판매이고 언젠가는 다단계도 레드오션이 되기 때문에 일부에서는 얼른 서두르라고 하는 사람도 있다. 설립한 지 얼마 되지 않은 다단계회사는 선점의 기회를 잡을 수 있는 블루오션 회사라고 말하는데, 그나마 이 말은 어느 정도 설득력이 있어 보인다. 설립 초기에 헤드 사업자(head member)가 되어 판매 조직을 잘 구축해 나가면 위에 자리를 잡고 소득을 올릴 요소로 작용할 수 있기 때문이다.

빛나는 설명을 하기 위해 좋은 말을 가져와 사용하는 것은 좋지만 위와 같은 맥락에서 다단계판매를 블루오션으로 보는 것이 타당할지는 모를 일이다. 다단계에 대한 부정적인 이미지를 긍정으로 바꿀 소지가 많아서 블루오션이라고 어필하기보다는 이미지 개선 노력이 먼저인 것 같다.

Multi-Level Marketing

3장
불법 다단계는 폭망의 길

말도 많고 탈도 많은 불법 다단계.

다단계판매의 탈을 쓰고 법에서 규정한 틀을 벗어나 영업하는 회사는 모두 불법 다단계업체이다. 언론을 통해 꾸준하게 적발 사례가 드러나는 이들 업체들은 처벌 대상이 될 뿐이므로 각별히 조심해야 한다.

무엇을 할 것이라는 계획만 무성한 곳, 투자하면 원금을 보장하고 원금에 더하여 은행이자를 훨씬 뛰어넘는 돈을 벌 수 있다는 곳, 고수익을 보장한다는 곳에는 접근하지 말아야 하고 그런 곳에 있다면 즉시 빠져나와야 한다. 이들은 유사수신행위를 하는 업체일 확률이 높다.

회사를 실제보다 현저히 부풀려 우량한 사업을 하는 것으로 보이게 하는 곳, 계약 해지를 방해할 목적으로 상대방을 위협하는 곳, 다단계판매업등록증과 등록번호가 없거나 불명확한 업체, 다단계판매원 수첩을 교부하지 않는 곳, 상대방에게 판매하는 개별 제품의 가격이 부가가치세 포함 200만 원을 초과하는 고가상품을 다단계 방식으로 판매하는 곳, 반품과 환불 규정이 분명하지 않은 곳, 후원수당 지급 비율이 법에서 정한 35%를 초과하는 곳은 불법 다단계회사로 보아야 한다.

제품의 실체가 명확하지 않은 회사나, 무형의 제품으로 다단계를 하는 회사, 인가받지 않은 펀드(fund) 회사도 조심해야 한다. 돈을 투자하면 약정기간 동안 매일 또는 매주 원금과 이자를 합산하여 나누어 준다며 투자를 유도하는 회사나 수익모델 없이 검증이 되지 않은 여러 계획사업을 보여 주면서 원금보다 훨씬 많은 돈을 준다는 회사도 일종의 폰지사기 업체로 볼 수 있다.

유사수신행위

불법 다단계회사는 거의 대부분 유사수신 행위를 하는 곳으로 보아도 지나치지 않으며, 이들은 영업의 실체가 없거나 무늬만 갖고 돈을 빨아들여 피해를 발생시킨다.

이들 불법 업체들의 영업 방식이 '다단계 방식'이라는 용어로 보도되어 정상적인 영업을 영위하는 다단계마저 나쁜 인식을 갖게 해 주는 영향을 끼치고 있는 점은 안타깝다. 불법 다단계는 피라미드 판매 이상도 이하도 아니다.

「유사수신행위의 규제에 관한 법률」에 명시되어 있는 유사수신행위의 정의는 인가나 허가·등록·신고를 하지 않고 불특정 다수인으로부터 자금을 조달하는 행위를 말한다. 장래에 출자금의 전액 또는 이것을 초과하는 금액을 지급할 것을 약정하고 출자금을 거두어들이는 행위나 장래에 원금의 전부 또는 원금을 초과하는 금액을 지급할 것을 약정하고 예금·적금·부금·예탁금 등의 명목으로 돈을 받는 행위, 금전을 수입하는 행위, 장래에 발행가액 또는 매출가액 이상으로 재매입할 것을 약정하고 사채를 발행하거나 매출하는 행위, 장래의 경제적 손실을 돈이나 유가증권으로 보전해 줄 것을 약정하고 회비 등의 명목으로 금전을 수입하는 행위 등을 일컫는다.

유사수신행위를 해서는 안 되는 것은 물론 불특정 다수인을 대상으로 유사수신행위를 하기 위해 영업을 위한 표시나 광고도 못 하게 하고 있으며, 유사수신행위를 하면 5년 이하의 징역 또는 5천만 원 이하의 벌금에 처해진다. 광고만 해도 2년 이하의 징역 또는 2천만 원 이하의 벌금에 처하도록 하고 있다.

유사수신행위를 위해 금융업과 유사한 명칭을 사용해도 1년 이하의 징역 또는 1천만 원 이하의 벌금에 처해진다.

누가 보아도 유사수신행위는 이처럼 사기성이 농후하고 처벌 조항도 엄격하지만 잊을 만하면 나타나는 이유는 어디에 있을까?

돈에 눈이 멀고 속이 시커먼 사업자와 그들의 말에 현혹되어 투자에 주저하지 않고 과도한 이익에 마음이 부푼 사람들이 있기 때문이다.

··· 유사수신의 유형

금융감독원에서 발표한 2023년 유사수신의 유형별 자료를 살펴보면 신종·신기술 분야와 최신 유행 분야 등 사업 빙자 관련 행위가 63.8%, 가상자산 등 투자상품 투자를 빙자한 유형이 23.4%, 어르신 대상 영농조합·협동조합을 가장한 유형이 12.8%인 것으로 밝혀졌다.

유사수신행위에 빠져들지 않기를 바라는 뜻에서 2024년 1월 25일 금융감독원 민생침해대응총괄국·불법사금융대응2팀(www.fss.or.kr)에서 발표한 「유사수신의 유형과 예방을 위한 대응 요령」을 발췌하여 소개한다.

잘 살펴보고 여러분은 유사수신행위에 절대 넘어가지 않길 바란다.

첫째, '신종·신기술 분야, 최신 유행 분야 등 사업 빙자 관련 행위'는 경제학 박사, 재테크 인플루언서, 신재생에너지, 천연가스 베이시스, 태양광에너지, NFT, 전도유망, 미래 먹거리 등의 키워드로 유인한다.

최근 사회적 관심사인 신재생에너지 등 신종·신기술 분야, 최신 유행 사업 등을 빙자하여, 일반인에게 익숙하지 않은 어려운 용어를 사용하며, 온라인상 허위 광고 등으로 원금과 고수익을 보장한다며 투자자를 현혹하는 것이다.

1. 신종·신기술 등의 사업을 빙자한다.

    유명인을 내세운 TV 광고나 배우를 동원하여 경제학 박사를 사칭한 사람을 등장시킨 유튜브 등 SNS 광고를 통해 '가짜 투자 성공 사례' 등 허위 광고로 투자자를 현혹한다.
    - 천연가스 베이시스, 태양광 에너지, NFT 등 신종·신기술 사업을 가장하여 사업구조와 수익성 검증이 명확하지 않은 상태임에도 이해하기 어려운 용어를 사용하며 고수익 사업이라고 홍보한다. NET(Non-Fungible Token)는 블록체인 기술을 활용하여 예술품, 부동산 등의 소유권을 디지털 토큰화하는 수단(대체 불가능한 토큰)이다.
    - 실제 전문기업체의 명의를 도용하고, 특허증과 표창장 등을 위조하거나, 공신력 있는 공공기관과 협약을 맺은 기업이라며 투자자를 안심시킨다.

2. 최신 유행 사업임을 빙자한다.
    - 최근 사회적 관심이 높은 분야인 친환경, 바이오, 헬스, 애견 사업 등의 분야가 '전도유망한 미래 먹거리 사업'이라며 투자자를 유혹한다.
    ① 불법 업체가 만든 '가짜 전자 지급 플랫폼'(~페이,~월렛) 등을 이용하여 '코인·캐쉬·포인트' 등으로 수익금이 지급된 것처럼 현혹한다.

② 막상 지급된 코인 등을 현금화으로 바꾸어 줄 것을 요구하면 시스템 오류, 전산 장애 등을 핑계대며 출금을 차일피일 미루다가 결국 잠적하고 투자금을 편취한다.

- 가상자산, 금융상품 투자를 빙자하는 경우 대박 코인, 프라이빗 세일, 해외 거래소 상장, 대기업 투자 코인, 락업 기간, AI기반, 미국지수 추종, 데이트레이딩, ETF 투자, 펀딩플랫폼, 전자지급보증서 등을 키워드로 유인한다.

유튜브 등 SNS 허위 광고로 유인하여 가상자산거래소 직원을 사칭하거나 금융회사로 사칭하여 가짜 보증서·문서 등을 제공하며 단기간에 고수익을 보장한다며 현혹한다.

① 가상자산과 관련하여 투자를 유인한다.

유튜브 등 SNS로 대기업이 투자한 고수익(일명 '대박 코인') 코인이라고 하면서 단기간에 고수익을 낼 수 있다며 허위 광고로 투자자 유인한다.

② 특정 코인이 가상자산거래소에 상장되어 가격이 급등하였다며, 허위 조작된 시세 그래프를 보여 주면서 이보다 낮은 가격에 프라이빗 세일 물량을 판매하는 것이라며 투자 직후부터 수익이 보장된다고 투자자 현혹한다.

③ 또한, 가상자산거래소 소속 임직원을 사칭하면서 '가짜 상장 예정 공지 문서'를 제시하거나, 원금 손실 시 높은 가격에 재매입하겠다는 '허위의 원금보장 약정서'를 제공하여 투자자를 안심시킨다.

④ 금융상품과 관련하여 유인한다.

허위 투자 성공 사례 등 허위 광고를 다수 게시하여 불법 업체 자체 홈페이지 가입을 유도한다. 블로그 등을 통해 작성자가 마치 해당 업체에 투자하여 고수익을 낸 것처럼 홍보하는 수법을 사용한다.

⑤ 인공지능(AI) 기반으로 지수 추종 자동 펀드 투자를 통해 원금 손실 없이 단기간에 고수익을 낼 수 있다고 투자자를 현혹한다.

⑥ ○○인베스트, ○○투자금융 등의 상호를 사용하는 등 정식 금융사인 것처럼 오인하게 하고, 지급보증력이 없는 '가짜 전자지급보증서'를 제공하여 무위험·원금보장·고수익 금융상품을 판매하는 것처럼 거짓으로 꾸민다.

- 어르신 대상 영농조합과 협동조합을 가장하여 투지를 유인하는 키워드는 현장 사업설명회, 어르신 대상, 영농조합, 협동조합, 평생 연금, 확정 수익, 지인 소개, 고액의 모집 수당, 다단계 모집 등이다.

전국 각 지역의 사업설명회 등에서 은퇴 후 안정적인 현금흐름을 원하는 어르신들을 대상으로 평생 연금처럼 확정 배당금을 지급한다고 현혹한다.

① 조합원들이 출자금을 내고 수익을 공평하게 배분한다는 특징을 강조하며 합법적인 업체인 것처럼 협동조합·영농조합 등 조합 사업을 거짓으로 포장한다. 협동조합기본법이나 농어업경영체 육성 및 지원에 관한 법률에 따라 지자체에 신고된 조합이라 할지라도 원금보장 및 확정 수익 등을 약정하면서 자금을 모집하는 것은 불법이다.

② 높은 모집수당을 주면서 주변 지인 등에게 투자를 권유하도록 유도하고, 어르신들을 안심시키기 위해 실제 보증력이 없으나 원금을 보장한다는 내용의 '가짜 지급보증서'를 제도권 금융회사의 지급보증서와 유사한 형태로 작성하여 교부한다.

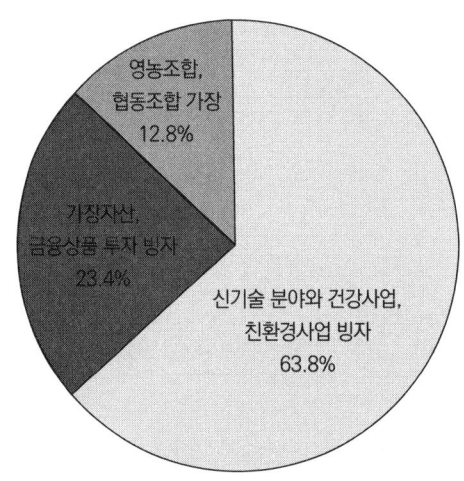

(2023년) 유사수신의 유형: 금융감독원(www.fss.or.kr)

- 영농조합, 협동조합 가장 12.8%
- 가장자산, 금융상품 투자 빙자 23.4%
- 신기술 분야와 건강사업, 친환경사업 빙자 63.8%

··· 유사수신 예방을 위한 대응

유사수신 업자의 감언이설에 속아 발생한 손해는 회복이 사실상 불가능하므로 사전에 유의사항 및 대응 요령을 숙지하여 피해를 당하지 않도록 조심해야 한다.

금융감독원에서 발표한 「유사수신 예방을 위한 대응 방법」에 대해 알아보자.

1. '고수익이면서 원금이 보장되는 투자'는 없다는 평범한 진리를 기억해야 한다.
   - '고수익(High return)에는 항상 그에 상응하는 높은 위험(High risk)이 따른다'는 평범한 진리를 명심해야 한다. 만일 수익이 높고 위험이 없는

확실한 투자처가 존재한다면 유사수신 업체 혼자 수익을 차지하려고 할 것이다. 절대로 불특정 다수를 대상으로 고액의 모집수당 등을 지출하면서 투자금을 모집하지 않을 것이다.
- 고수익 투자는 원금손실 가능성 또한 매우 높다는 점을 명심하고, 원금보장과 함께 높은 수익률 보장을 약속하며 투자를 유도하는 경우 유사수신일 가능성이 높다는 사실을 유념하여야 한다.

2. 온라인에서 자신을 드러내지 않고 고수익을 낼 수 있다고 접근하는 업체는 불법업체이므로 이에 절대 응하지 말아야 한다.
- 유튜브 등 SNS를 통해 불특정 다수에게 원금을 보장하면서 고수익 정보를 준다고 홍보하는 업체는 불법 업체이므로 어떠한 금융거래도 하지 않도록 주의가 요망된다.
- 불법 업체가 유선과 대면 상담을 거부하며 홈페이지, 카카오톡 등 온라인으로만 접촉하는 경우 손쉽게 잠적하고 투자금을 편취할 가능성, 일명 먹튀할 가능성이 있다는 점을 유념해야 한다.

3. 경제학 박사·유명인 등을 사칭한 허위 투자 광고에 속아서는 안 된다.
- 경제학 박사, 인플루언서 등 유명인을 사칭하여 고수익 투자라며 현혹하는 유튜브 광고 등은 실제로는 재연(再演) 배우 등이 출연한 허위 투자 광고이다.

4. 신종·신기술 등 생소한 분야의 투자는 사업내용을 꼼꼼히 확인할 필요가 있다.
- 불법 유사수신 업체는 신종·신기술 분야 등 일반인이 쉽게 확인하거나 검증하기 어려운 내용으로 투자를 유혹하므로 투자 전에 사업의 실체 등을

충분히 확인할 필요가 있다.
- 불법 업체가 제시하는 각종 가짜 문서에 속지 말고 반드시 관련 기관이나 업체 등에 사실 관계를 반드시 확인할 필요가 있다.
  - 가상자산거래소 상장 예정 공지 → 해당 가상자산거래소 고객센터 통해 확인
  "가상자산사업자 신고현황"은 금융정보분석원 홈페이지(kofiu.go.kr) 메뉴에서 확인이 가능하다.
  - 신기술 업체의 각종 증명서 → 해당 전문 기업체의 고객센터
  - 금융회사 사칭 → 제도권 금융회사 조회
  금융소비자 정보포털 파인(fine.fss.or.kr)에서 조회 가능하다.

5. 불법 유사수신 행위로 의심되면 신속하게 신고해야 한다.
- (☎112)신고 또는 금융감독원(☎1332→3)에 제보

- '온라인에서 성행하는 유령 유사수신 업체를 조심하세요',
금융감독원 보도자료, 2024. 1. 26., www.fss.or.kr

⋯ 유사수신행위 예규

유사수신행위에 의한 피해 예방을 강조하기 위해 이번에는 공정위에서 예규를 통해 제시하고 있는 유사수신행위를 살펴보자.

- A라는 자가 자신의 상품을 구매한 자들을 대상으로 단순히 구매한 순서에 따라 다단계판매 조직과 유사하게 다단계조직을 구성한 후, 동 다단계 조직의 구성원들로 하여금 일정 금액을 투자하도록 하고 이들이 하위에

다른 몇 명을 다단계조직에 가입시켜 일정금액을 투자할 경우 투자금액의 몇 배 정도에 달하는 금액을 지급하는 방식으로 행한 영업행위
(법 제2조 규정에 의한 다단계판매 조직이 아니더라도 이와 유사하게 단계적으로 가입한 자로 구성된 조직을 이용하여 이 법을 위반한 경우에 해당한다.)
- B라는 조합원(출자자)을 모집하면서 조합원을 대상으로 단순히 가입한 순서에 따라 다단계판매 조직과 유사하게 조직을 구성한 후, 동 조직의 구성원들로 하여금 출자자를 모집하도록 하고 이들의 하위에 출자자가 모여 일정금액이 될 경우 투자금액의 몇 배에 달하는 금액을 지급하는 방식으로 행한 영업행위
- 인터넷 사이트를 회원제로 운영하면서 신규 회원의 가입은 기존 회원의 추천을 통하여 이루어지게 하며 재화 등의 거래가 없더라도 가입비·연간회비 등의 명목으로 거둔 금액을 상위의 추천 회원들에게 일정 비율로 분배하는 행위
- 재화 등에 대한 재고 보유량 또는 생산능력이 거의 없음에도 불구하고 그 재화 등을 이용할 수 있는 것처럼 상품권을 판매하거나, 판매된 상품권이 재화 등으로 교환되는 비율이 현저히 낮은 경우
- 일부 물품을 실제로 판매원들이 수령하였다고 하더라도 그 물품을 판매하거나 소비하기 위한 목적이 아니라, 그 거래로 인하여 실질적으로 판매원들이 취득하려고 한 것은 물품 자체보다는 물품값을 빼고도 납입한 원금 이상의 수당 지급이 보장되는 점수를 받기 위한 것임이 상당한 경우
  예를 들어, 일정 금액 이상의 물품을 구입하고 판매원이 된 후 1단위를 속칭 30만 SV(평균 41만 원)로 하여 투자한도 제한 없이 투자하면 판매업자가 그 투자금 중 일부를 수당 지급에 사용하고, 수당, 운영비, 물품대

금 등을 제외한 자금은 수익사업에 투자하며, 그 투자금 10단위 약 410만 원에 대하여 원금을 초과하는 540만 원을, 100단위 약 4,100만 원에 대하여 원금을 초과하는 7,560만 원을 판매원에게 지급한다고 홍보·유인하여 물품거래보다는 투자를 통한 원금 이상의 수당 지급을 받는 것을 목적으로 하는 것은 법 위반행위에 해당한다.

- 상품의 가격이 일반 시장에서 거래되는 시중 가격과 달리 현저히 고가로 거래되는 행위

  예를 들어, 시중가 1만 원짜리 상품을 100만 원, 시중가 5만 원짜리 상품을 129만 원에 판매 또는 구입하도록 하는 행위는 동 재화를 판매 또는 소비하기 위한 목적이라고 볼 수 없다.

- 판매업자가 판매원에게 재화 등을 공급하지 않고 판매원으로부터 미리 재화 등의 대금명목 등으로 선수금 등을 지급받은 후 재화 등을 공급하지 않은 상태에서 판매원에게 수당명목 등으로 지급하는 선급금 등의 잔액 규모가 통상적인 범위를 현저히 초과하는 경우

  통상적인 거래는 판매업자가 판매원으로부터 구입 대금을 받고 재화 등을 최장 7일 이내에 공급하면서 1월 이내 후원수당을 지급하므로, 선수금 및 선급금이 거의 발생하지 않는다.

전형적인 불법 다단계

불법 다단계 영업행위가 얼마만큼이나 이루어지고 있는지 정확하게 알 수 없는 것이 현실이다. 피해가 발생하여 적발되거나 불법 다단계를 하고 있는 곳으로 의심된다는 신고를 통해서야 알 수 있게 된다.

하지만 분명한 것은 끊임없이 발생하고 있고 피해자가 꾸준히 발생하고 있다는 점이다. 이루 열거할 수 없을 정도로 많은 불법 다단계의 적발 사례 중 몇 가지를 통해 불법성과 수법을 노출시켜 보자.

⋯ W사 사건

공정거래위원회는 2024년 7월 2일 보도자료를 통해 W사가 다단계판매 조직을 운영하며 하위판매원 모집 자체에 대하여 경제적 이익을 지급한 행위, 가입비 또는 샘플구입비 명목으로 판매원에게 금품을 징수한 행위 등에 대하여 행위중지명령과 향후 향후금지명령, 공표명령 등 시정명령과 영업정지명령을 부과하고 법인 및 대표이사를 검찰에 고발하기로 하였다고 발표했다.

발표된 내용을 보면, 이 업체는 특정인을 하위판매원으로 가입하도록 권유하는 모집방식으로 총 3단계 이상의 단계적인 판매 조직을 구성하여 판매원에게 후원수당을 지급하는 등 다단계판매 조직을 운영하였다.

2022년 하반기부터 2023년 상반기까지 총 5단계로 구성된 판매 조직을 이용하여 광고이용권과 교환권을 판매하였고, 하위판매원 모집에 대한 대가로 추천수당 및 직급수당 등을 지급하였다. 직급 구조는 본인 또는 본인의 하위판매원의 실적에 따라 가장 낮은 직급인 딜러(실적 55만 원)부터 팀장, 본부장, 이사를 거쳐 가장 높은 직급인 사장(실적 4억 5,595만 원)까지 총 5단계로 이루어졌으며, 하위판매원이 광고이용권을 구매할 때마다 상위판매원에게 추천수당으로 약 10만 원을 지급하고, 직급수당으로 회사 총 수익의 40%를 직급별 비율에 따라 판매원들에게 배분하였다. 직급별로 배분 비율은 사장 5%, 이사 10%, 본부장 15%, 팀장 25%, 딜러 40%, 센터지원 5% 등으로 상위 단계로 갈수록 인원이 급격하게 줄어드는 구조로 인해 직급이 상향될수록 수당이 증가하는 구조였다.

2023년 6월 말부터 심의일 현재까지 W시스템을 운영하며, 총 3단계로 구성된 판매 조직을 이용하여 화장품, 건강기능식품 등을 판매하였고, 하위판매원 모집에 대한 대가로 추천수당 및 장려금 등을 지급하였다. 이 경우의 직급 구조는 본인 또는 본인의 하위판매원의 실적에 따라 판매원(기존 딜러, 신규 가입비 11만 원), 대리점(기존 딜러 매출 70만 원, 신규 매출 200만 원), 총판(기존 팀장 이상 매출 200만 원, 신규 매출 700만 원) 등 3단계로 이루어졌으며, 신규판매원이 납부한 가입비의 70%(약 7만 원)를 상위판매원에게 추천수당(판매원 추천 영업수익)으로 지급하고, 판매원들이 의무적으로 구매하여야 하는 샘플구입비(총수익의 30%)의 70%를 상위판매원에게 장려금(장려금 수익)으로 지급하였다.

신규판매원을 모집할 때, 기존 판매원이 신규판매원을 추천하는 경우 기존 가입자에게 추천수당으로 구좌당 5~10만 원을 지급하였다.

기존 판매원이 신규판매원을 추천하면 신규판매원이 납부한 가입비 11만 원의 70%를 기존판매원에게 영업수당(판매원 추천 영업 수익)으로 지급하였고, 하위판매원이 총수익의 30%를 샘플 구매 비용으로 납입하면 그 금액의 70%를 상위판매원에게 장려금(장려금 수익)으로 지급하였다.

W시스템을 운영하면서 판매원 또는 판매원이 되려는 자에게 가입비 등의 명목으로 대통령령으로 정하는 수준을 초과한 비용을 부과하였다.

신규판매원에게 가입비 명목으로 11만 원을 납부하도록 하였고, 회원점(총판, 대리점, 판매원)에게 판매 보조 물품(샘플) 구입 명목으로 총수익의 30%를 지출하도록 의무를 부과하였다.

「방문판매 등에 관한 법률 시행령」 제33조에 따르면 가입비 명목의 법정 한도 금액은 1만 원이며, 판매 보조 물품 구입 명목의 법정 한도 금액은 3만 원이다.

다단계 조직을 이용하여 2022년 하반기부터 2023년 3월경까지 재화 등의 거래 없이 금전거래를 하거나 재화 등의 거래를 가장하여 사실상 금전거래만을 한 행위를 하였다. 2023년 2월 말 기준 약 50만 개의 광고이용권을 판매하였음에도 유일한 사용처 내 광고이용권을 사용하여 게시된 광고는 1개월 기준 10여 개 정도로 실제 광고 활용 건수가 극히 미미하였고, 광고이용권을 활용할 수 있는 소상공인이 아닌 일반인에게만 광고이용권을 판매하며 광고이용권의 재판매 및 양도 등이 거의 이루어지지 않았다. 또한 광고이용권을 구매한 소비자 중 60대 이상이 80% 이상으로 이 중 600명은 광고이용권을 100개 이상 구매한 것으로 보았을 때 광고이용보다는 노후자금에 관심이 높은 세대가 주 구매층으로 광고이용권을 실질적 이용 목적으로 구매하였다고 보기 어려우며, 사업설명자료 등을 보면 광고이용권을 사실상 투자 수단으로 홍보하였다고 볼 수 있다.

공정위에서 검찰에 고발하여 수사로 이어지겠지만, 1개당 55만 원의 광고이용권을 27,634명에게 501,612개 판매하는 등 매출액이 약 3천억 정도로 달하는 것으로 알려졌다. 한편 이 회사의 대표이사는 "경찰은 증거의 조합을 만들지 못하고 있고 공정위의 심의는 소송을 통해 뒤집히는 경우가 잦아 절대적이지 않다. 이제까지 그래 왔던 것처럼 끝까지 믿고 기다려 달라."라는 내용의 공지문을 배포해 해명한 것으로 전해졌다.

⋯ H사 사건

2024년 8월 30일 내일신문에서 보도한 내용을 발췌하면 서울중앙지방법원 형사합의31부는 2024년 8월 29일 다단계 유사조직을 통해 1조 원대 회원 가입비를 받은 혐의로 기소된 H사 대표에게 방문판매법 위반 혐의의 법정 최고형인 징역 7년과 벌금 10억 원을 선고하였다. 또한 경영진 8명에게는 징역 1년 6개월부터 4년을 선고하고 일부에 대해서는 집행을 유예했다.

이 회사 대표는 다단계 유사조직을 부정했지만 재판부는 인정하지 않았다.

회원별 등급에 따라 다단계 구조로 조직화되고, 신규회원의 지속적인 가입 없이는 유지될 수 없기 때문에 장기적으로 지속 가능하지 않은 허황된 점 등이 근거가 됐다.

재판부는 "선수금 대비 최소 2.6배 내지는 사실상 무한대에 가까운 보상을 약정하는 건 그 자체로 허황된 것이 수학적으로 명백하다."라며 "이 회사의 보상플랜은 자체 수익만으로 유지될 수 없고 새로운 회원이 가입함에 따라 들어오는 선수금을 기존 회원들에게 돌려막기하는 식으로 보상하는 것"이라고 지적했다.

아울러 "다단계 사기는 사회 전반의 신뢰 시스템에 악영향을 미치고 그 자체로 일반 국민의 사행심을 일으키며 정상적인 소득활동을 저해시킨다."라며 "심지어 일부 회원들의 경우 아직도 허황된 사업이 지속 가능하다고 믿고 있다."라고 질책했다.

그러면서 "유사 다단계 조직을 이용한 조직적 금전거래는 4년 이상 장기간에 걸쳐 이뤄졌으며 확인된 거래액만 약 1조 2,000억 원에 달한다."라며 "현재 공소된 금액만으로도 이미 다단계 사건에서 유례없는 수준에 해당해 그에 상응하는 엄벌이 필요하다."라고 강조했다.

이들은 다단계 유사조직을 이용해 농·축·수산물 등 거래를 가장하는 방법으로 약 10만 명으로부터 회원 가입비 명목으로 1조 1,900억 원 이상을 받았고 수익이 보장된다며 사실상 투자금을 모집한 것으로 조사됐다.

⋯ I사 사건

I사 사건은 "환차익을 노린 투자를 하면 많은 수익을 보장하겠다."라고 피해자들을 끌어들인 불법 다단계 사기 사건이다. 2011년부터 2016년까지 외환거래를 통한 고수익을 미끼로 1만 2,000여 명의 피해자를 양산하였다. 당시 사회에 큰 반향을 불러일으켜 지금까지도 관련 보도가 이어지고 있는데, 여기에서는 2017년 9월 13일 경향신문(www.

khan.co.kr)에 게재된 내용을 가져와 살펴보기로 한다.

이 회사는 투자자들에게 "FX 마진거래 중개사업 등 해외사업에 투자하면 매달 1%의 이익 배당을 보장하고 1년 뒤 원금을 돌려주겠다."라며 1조 700억 원가량을 편취한 혐의로 기소되었다. 막대한 피해 규모와 범행 수법 등에 비춰 단군 이래 최대 사기 범행인 '조희팔 사건'과 유사하다는 평가다.

주범은 징역 15년을 확정 판결받았고 공범 18명도 사기로 실형을 선고받았다.

당시 서울고등법원 항소심 재판부에서는 「특정경제범죄가중처벌법」상 사기와 방문판매법 위반 혐의로 기소된 I사 대표에게 양형 이유를 다음과 같이 설명하였다.

"피해자가 1만 2,000명이 넘고 수많은 피해자들이 가정이 파탄 났으며 일부는 스스로 목숨을 끊기도 했다."

"사업에서 수익이 발생할지 여부가 불분명했는데도 이 같은 사실을 모두 숨긴 채 수익이 발생할 것처럼 속여 투자금을 모집했다."

"원금 상환이 불가능한 상황이 도래해 수많은 피해자가 양산될 것임을 충분히 예상할 수 있었다."

"신규 투자금이 기존 투자자들에게 수익금을 지급하는 '돌려막기' 용도로 사용됐다."

"그룹장·지점장·본부장·팀장·모집책 등 단계적으로 가입한 자들로 구성된 각 지점을 이용해 투자자를 모집하는 등 다단계 조직과 유사한 구성을 보인다."

"유사 다단계 조직을 구성해 재화 거래 없이 금전거래를 했다고 볼 수 있다."

··· B사 사건

대표적인 코인 다단계 사건으로 불리는 B사 사기 사건은 피해 규모가 방대하여 지금까지도 보도량이 많은데 피해자는 5만 2,800명이며 편취한 투자금은 2조 2,000억 원대에 달했다. 대법원에서 이 회사 대표는 징역 25년이 확정되었다.

투자자들이 600만 원을 입금하면, 1,800만 캐시를 배당했고, 상당 기간 겉만 번지르르한 거래소에서 매도·매수 작업을 반복하며 '1B캐시=1원'의 균형을 유지시키는 수법을 동원했다.

몇 달은 원화로 환전도 해 주었지만 투자금을 받는 것 외에는 수익모델이 없어서 돌려막기가 될 수밖에 없었다.

투자금을 계속 끌어모으기 위해 한국은행 및 유명 통신사와 전자지갑 구축 협약을 맺었다고 하는 등 투자자들을 속였다.

영업에는 피라미드 직급 구조를 적용하여 투자자를 VIP, 매니저, 코치, 마스터, 슈퍼바이저, 디렉터, CEO, 체어맨 등 여덟 등급으로 구분한 뒤, 투자금이 들어오면 20%를 추천수당으로 지급했으며 다단계 보상플랜처럼 후원수당, 추천매칭수당 등 다양한 인센티브를 지급했다. 최상위 3개 직급자 '리더스클럽'에는 총매출의 1%를 수당으로 지급했다.

경찰 수사가 시작되자 대표는 직원들로 하여금 조직적으로 증거인멸을 시도하였고 재판정에서는 범행 책임을 전가하려고 다른 구속 피고인에게 접촉을 시도하다가 구치소에 발각되기도 했다.[13]

---

13) 이정원, 2조원대 코인 다단계⋯ 30대 대표는 교주처럼 받들어졌다, 한국일보, 2023. 2. 6. (www.hankookilbo.com)

이 사건의 운영진을 기소할 때 검찰이 한 말을 살펴보자.

"피고인들은 노후가 보장되지 않은 노령층이나 청년층을 상대로 조직적이고 계획적으로 범행했다."

"피해자들은 노후자금, 자녀의 결혼 자금 등을 투자했다가 큰 손실을 봤을 뿐 아니라 정신적 고통까지 호소하고 있다."

"일부는 투자 손실을 비관해 극단적인 선택을 하기도 했다고 한다."

"피해자 수, 피해 규모 등을 고려할 때 이 사건은 단군 이래 최대 사기범으로 꼽히는 '조희팔 사건'을 능가하는 역대급 유사수신 사기이다."

"가정을 파탄 내고 사회 거래 시스템을 무너뜨린 피고인들을 엄히 처벌해 막대한 이익을 얻더라도 이를 누릴 수 없다는 점을 천명해야 한다."

수원지법 형사11부는 판결문에서 "피해자들이 피고인들의 범행으로 노후자금과 퇴직금 등을 잃어 상당한 정신적, 경제적 고통 겪고 있어 피고인들의 책임은 매우 무겁고 비난 가능성이 크다."라고 하였다. 더불어 "이 사건 범행을 모방한 또 다른 범죄가 발생할 가능성도 있다."라고 밝혔다.

불법 코인 다단계

가상화폐에 투자하는 것을 경원시할 필요는 없다. 하지만 수익을 올린 케이스도 있는 반면 큰 손실을 본 사람들도 있는 것을 보면, 양면성이 존재함을 알 수 있다.

문제는, 투자할 경우 원금보장은 물론 몇 배로 돈을 벌 수 있다고 현혹하여 다단계 방식으로 참여하게 하는 '불법 코인 다단계'이다.

이들이 코인 투자에 다단계를 악용하는 이유는 인적 네트워크를 이용해 소개와 추천을 반복하며 빠른 시일 내 많은 투자자를 끌어모을 수 있기 때문이다. 지역별로 영업소 개념의 센터를 통해 투자자를 모집하도록 하는 수법을 사용하여 폐업할 경우 회사에서 투자자를 직접 상대하지 않는다. 본사의 리스크를 줄이고 처벌의 리스크도 분산시키는 것이다.

투자자를 모집해 오면 다단계의 후원수당 지급 방식을 모방하여 각종 수당을 지급한다. 단계별로 나누어 직급을 부여하고 추천수당, 직급수당, 매칭수당 등 다단계의 보상플랜과 유사하게 수당을 지급한다.

애초부터 수익의 실현이 어려운 불법 코인 다단계이기 때문에 투자자에게 약속한 대로 수익이 실현되기란 매우 어렵다. 투자자로부터 코너에 몰리면 시장 탓을 한다. 코인 가격이 회사 마음대로 되는 것이 아니고 시장의 흐름을 타는 것이어서 회사는 어쩔 수 없다며 발을 뺀다.

불법 코인 다단계는 유사수신행위와 다를 바 없다. 가상화폐 시세의 등락을 보아 가며 불현듯 여러분에게 폭등이 예상된다며 다단계로 코인에 투자하도록 유혹하는 손길을 뻗어 올지 모른다.

⋯ 코인 투자사기 유형

코인 다단계로 피해를 입히는 유형은 여러 종류가 있는데 이들이 주로 노리는 대상은 가상화폐의 메커니즘(mechanism)을 잘 모르는 장년층과 노년층이다.

투자하면 원금은 물론 안정적인 고수익을 보장한다고 부추기는 말에 속아 노후자금으로 아껴 둔 퇴직금을 날리는 경우도 있고 절박한 병원비에 보태 쓰려고 손을 댔다가 낭패를 당한 사람도 있다.

코인 투자 사기에 온갖 방법이 동원되는데 몇 가지 유형을 알아보자.

- 거래소에 상장되면 코인 가격이 폭등한다고 선전한다.

  가장 흔하게 사용하는 수법은, 상장하면 코인이 폭등하여 떼돈을 벌게 되니 지금 투자하라는 것이다. 심지어 자기들의 코인이 나스닥에 상장될 것이라는 황당한 홍보를 하기도 한다. 상장이라는 말로 솔깃하게 하지만 코인의 상장 개념은 증권거래소와는 차원이 다르게 거래소 등록을 하는 것이라는 점에 주목해야 한다. 특히 불법 코인 다단계에서 사용하는 거래소는 대부분 코인을 발행하는 업체와 공모한 일종의 사기 거래소일 확률이 높다.

- 매월 이자를 지급하고 원금을 보장한다고 유인한다.

  원금을 보장하고 매월 투자액의 4~5%, 연 50%에 달하는 이자를 지급한다고 하는 경우도 있다. 하지만 처음 3개월 정도까지는 꼬박꼬박 이자를 지급하다가 중단하는 사기 행각을 벌인다. 코인 가격이 예상대로 오르지 않아서 그런 것이니 기다려 달라고 한다. 그러다가 시간이 갈수록 이자를 지급받기는커녕 원금도 날리기 십상이다.

- 투자자를 소개하면 별도로 수당을 지급한다고 부추긴다.

  투자할 사람을 소개하여 투자하게 하면 투자금의 5~10%에 달하는 추천수당을 지급해 줄 테니 많은 사람을 데리고 오라고 한다. 이 경우 대부분 평소 믿고 지내던 사람의 말을 듣고 투자하게 되므로 피해를 입고도 제대로 신고를 못 하는 경우가 발생할 수 있다.

- 락업 기간을 악용·설정하여 코인을 팔지 못하게 한 후 폐업한다.

  락업(Lock up)은 본래 주식 상장 후 일정 기간 주식 매매를 금지하는 것으로서, 상장 전에 지분을 보유하고 있던 대주주나 기관들의 주식이 주식 시장에 쏟아져 나올 경우 주가 하락으로 인해 소액 주주들이 피해를 입지 않도록 하기 위한 보호장치이다. 이때 락업 기간은 보통 3~6개월로 지정된다. 악성 코인 다단계는 이를 악용하여 초기에 시세 조종을 통해 코인 가격을 부풀려 환상을 갖게 하고 락업 기간이 지나면 언제든지 매매할 수 있다고 하며 투자하게 한 후 폐업하는 수법을 사용한다.

피해자를 유인하는 수법은 날로 진화하고 있다.

종전에는 설명회나 강연회 등 오프라인을 통해 투자자를 모집했지만 한 단계 진화하여 밴드나 카카오톡 등을 통해 비대면 투자 설명회를 하고 전용 앱(APP)의 라이브방송이나 텔레그램 등을 폐쇄적으로 운영하기도 한다.

┅ 사기 코인 다단계의 예

언론에 공개된 사기 코인 다단계의 몇 가지 사례를 살펴보기로 하자.

2023년 10월 30일 매일경제의 기사에 따르면 전국 10곳에 지사를 두고 법인을 설립한 뒤 130%가 넘는 수익을 약속하며 투자 사기를 벌인 법인 대표 등 17명이 검찰에 송치됐다. 불법 다단계 조직을 만들고 85억 원가량을 빼돌린 혐의인데, 전국 순회 설명회를 열고 투자 리딩방을 운영했다

이들은 "자체 개발한 코인에 투자하면 원금의 132% 고정 수익을 가상자산으로 지급하겠다."라고 했고 "이더리움 채굴사업에 1억을 투자하면 4년 동안 2억 6,800만 원의 이익을 얻을 수 있다."라고 했다. 피해자들에게 매일 코인이 지급되는 것처럼 보이게 하기 위해 전산 프로그램을 별도 제작하는 등 범행에 치밀함을 보이기도 했다.[14]

한국일보는 2024년 8월 11일 가상자산(코인) 등을 운용해 고수익을 보장하겠다며 5,000억 원대 투자금을 불법으로 유치한 의혹을 받는 업체 대표가 구속 상태로 재판에 넘겨졌다고 보도했다. "코인 관련 상품

---

14) 박동민, "코인에 투자하면 132% 수익"…전국구 다단계 사기단, 매일경제, 2023. 10. 30. (www.mk.co.kr)

투자금 명목으로 코인이나 현금을 예치하면 고액의 이자를 제공하겠다."라며 투자자를 끌어모았으나, 지난해 6월쯤부터 투자자들에게 원리금 지급을 중단했다. 이들은 투자자 모집 과정에서 소개비 명목으로 수익을 제공하는 불법 다단계 수법을 사용한 것으로 알려졌다.[15]

2022년 2월 24일 서울신문은 노년층, 주부 등을 상대로 다단계 방식으로 1,300억 원대의 코인을 불법 판매한 일당이 서울시에 적발됐다고 보도했다. 이들은 전국에 15개 지사와 163개의 센터를 통해 주로 60대 이상이나 주부 등 가상코인 투자에 어두운 사람들을 대상으로 삼았고 1구좌당 120만 원 입금 시 원금과 고수익을 보장한다며 판매수당과 코인을 지급하고 투자를 권유한 것으로 밝혀졌다.

많게는 29단계의 다단계 조직을 이용해 불법 금전거래를 한 것이다. 투자한 사람들에게 지급한 코인은 필리핀 국제코인거래소에 상장은 되었지만 사실상 거래가 이루어지지 않아서 결국에는 코인 가격이 0원이 되어 많은 피해자가 발생하였다.[16]

한편으로는 코인 다단계에 투자하여 피해를 당한 사람들도 지나친 욕심을 갖고 뛰어든 건 아닌지 되돌아볼 필요가 있을 것이다.

2021년 이후 '코인'과 '다단계'가 중심 키워드로 담긴 국내 형사 확정 판결문 162건을 보면 3건 중 1개꼴로 피해자의 허황된 욕심을 지적하

---

15) 정준기, 검찰, '5000억대 유사수신' 혐의 와콘 대표 구속 기소, 한국일보, 2024. 8. 11. (www.hankookilbo.com)
16) 장진복, "BTS·보로로 투자상품"…1300억원대 '코인 불법다단계' 적발, 서울신문, 2022. 2. 24. (www.seoul.co.kr)

고 있다. 2021년 11월 24일 의정부지법 고양지원 판결문은 "피고인들의 범죄행위가 사건의 주된 원인이지만, 피해자들의 수익 욕심도 일부 원인이 된다."라고 지적하였고, 2022년 9월 23일 수원지법은 "사업성과 수익성을 제대로 검토해 보지 않은 채 단기간에 고수익을 얻으려는 욕심으로 투자를 결정한 측면이 있다."라고 판결문에 적시하였다. 전체 판결문 중 32%가 피해자의 책임을 피고인의 유리한 양형요소로 판단한 것으로 나타났다.[17]

「가상자산이용자보호법」 시행

「가상자산이용자보호법」은 가상자산 이용자의 자산 보호와 불공정거래행위 규제 등에 관한 사항을 정함으로써 가상자산 이용자의 권익을 보호하고 가상자산시장의 투명하고 건전한 거래질서를 확립하는 것을 목적으로 2024년 7월 19일부터 시행되고 있다.

「가상자산이용자보호법」의 주요 내용은 가상자산 이용자의 예치금과 가상자산 보호, 시세 조종 등 불공정거래행위 규제, 가상자산사업자 등에 대한 감독·검사·제재 권한과 불공정거래 행위자에 대한 조사·조치 권한 규정 등이다.

먼저 이용자 자산을 보호하는 내용으로, 가상자산사업자는 이용자로부터 가상자산의 매매, 매매의 중개, 그 밖의 영업행위와 관련하여 받은 예치금을 은행 등 공신력 있는 기관에 예치하거나 신탁하여 관리하도록 했다.

---

17) 이선애, [시시비비]코인 사기 "무지와 탐욕 탓만 할 것인가", 아시아경제, 2024. 8. 12. (www.asiae.co.kr)

가상자산사업자의 신고가 말소되거나 해산, 파산선고를 받은 경우에는 이용자에게 우선하여 지급하도록 했다.

가상자산사업자는 이용자로부터 위탁을 받아 가상자산을 보관하는 경우 이용자의 가상자산 일정 비율을 인터넷과 분리하여 안전하게 보관하여야 하는데 감독규정에서 그 비율을 가상자산의 경제적 가치의 80% 이상으로 정했다. 이용자 가상자산의 경제적 가치의 80% 이상에 해당하는 가상자산을 콜드 월렛(Cold Wallet)으로 보관하여야 하는 것이다. 콜드 월렛이란 USB 등의 수단으로 인터넷에 연결되지 않는 지갑을 뜻한다.

가상자산사업자는 해킹·전산장애 등의 사고에 따른 책임을 이행하기 위하여 금융위원회가 정하는 기준에 따라 보험 또는 공제에 가입하거나 준비금을 적립하는 조치를 취해야 한다. 매매 등 가상자산거래의 내용을 추적·검색하거나 그 내용에 오류가 발생할 경우 이를 확인하거나 정정할 수 있는 기록을 그 거래관계가 종료한 때부터 15년간 보존하여야 한다.

불공정거래행위에 대해서는 강력한 규제를 받게 되는데 미공개중요정보이용행위, 시세조종행위, 부정한 수단이나 기교를 사용하는 등의 부정거래행위를 하면 형사처벌 또는 과징금이 부과된다. 과징금은 미실현 이익을 포함한 이익 또는 이로 인하여 회피한 손실액의 2배에 상당하는 금액 이하의 과징금을 부과할 수 있으며, 산정하기 곤란한 경우에는 40억 원 이하의 과징금을 부과할 수 있다. 1년 이상의 유기징역 또는 부당이득액의 3배 이상 5배 이하에 상당하는 벌금 부과가 되는 형사처벌을 받게 되고, 이익 또는 회피한 손실액이 50억 원 이상인 경우 무기 또는 5년 이상의 징역까지 선고될 수 있다.

금융당국은 불공정거래행위에 대한 신속한 시장 감시·조사가 이뤄질 수 있도록 하기 위해 금융감독원에 가상자산 관련 감독·검사·조사 업무를 집행할 수 있는 전담부서로 가상자산감독국과 가상자산조사국을 신설했다.

금융감독원 신고센터도 '가상자산 불공정거래 및 투자사기 신고센터'로 확대·개편했다.

이번에 시행되는 「가상자산이용자보호법」은 1단계 법안으로서 향후 2단계 법안에서는 가상자산의 발행 요건과 공시 의무, 사업자의 영업행위를 규율하는 내용, 실명 계정의 벌금제도 개선방안 등이 다루어질 것으로 전망되고 있다.

··· 코인 투자 사기 피해 예방법

코인 사기에는 온갖 방법이 동원되는데 피해를 입지 않도록 미리 예방하는 것이 무엇보다 중요하다. 코인을 다단계 방식으로 사기를 치는 불법 코인 다단계를 포함하여 코인 사기를 예방하기 위한 여러 방법이 제시되고 있는데 여기에서는 2024년 4월 금융감독원에서 발간한 『2024 가상자산 연계 투자사기 사례집』 중 피해 사례에 따른 예방법을 줄여서 살펴보기로 한다.

이 사례집에 수록된 내용을 자세히 알고 싶으면 금융감독원 홈페이지에서 내려받아 열람하면 된다.

[금융감독원(www.fss.or.kr) → 검색어에 〈가장자산 투자사기〉 입력 → 「가상자산 투자사기 피해예방」 종합 홍보 실시 클릭 → 첨부파일 다운로드]

1. 미신고 가상자산거래소를 통한 사기

- 신고된 가상자산거래소 여부 확인

  우리나라에서 가상자산사업을 영위하고자 하는 자는 「특정금융정보법」 제7조제1항에 따라 금융정보분석원(FIU)에 신고해야 할 의무가 있다. 또한, 금융정보분석원은 「동법」 제7조제7항 및 「동법 시행령」 제10조의16에 따라 가상자산사업자 신고에 관한 정보 등을 금융정보분석원 홈페이지(www.kofiu.go.kr)에 게시할 수 있고, 현재 신고한 사업자 현황을 게시하고 있으므로, 타인으로부터 투자권유를 받았을 때 신고된 가상자산거래소인지 여부를 반드시 확인해야 사기 피해를 사전에 예방할 수 있다. 신고 사업자 현황은 DAXA(디지털자산거래소 공동협의체) 홈페이지(www.kdaxa.org)에서도 확인할 수 있으며, 미신고사업자에 대한 제보도 가능하다.

- 투자금 충전 주의

  현재 은행과 제휴를 맺은 원화마켓 가상자산거래소(고팍스, 빗썸, 업비트, 코빗, 코인원 5개 社)의 경우, 투자자는 실명 확인된 본인 명의 입출금계좌를 만들어 해당 계좌에 입금 후, 거래소에서 원화 포인트 충전을 신청하면 같은 계좌에서 자금이 인출되며 거래소의 본인 계정에 원화 포인트가 충전된다. 반면, 사기 피해 사례 대부분은 업체가 요청하는 계좌에 직접 이체하는 방식 또는 이체된 금액만큼의 USDT5)를 충전해 주는 방식으로 이루어지는 등 차이가 있으므로 이와 유사한 경우에는 더욱 주의가 필요하다.
- 출금을 위한 추가 입금 주의

  보증금이나 세금 등을 이유로 추가 입금이 이루어져야 출금이 가능하다는 말은 사기꾼이 현혹하는 헛소리에 불과하다. 애초에 보증금은 존재할 이유가 없고, 세금도 누구한테 납부한다는 말인가? 사기를 당한 상황에서 각종 사유로 요구하는 추가 입금에 응하면 추가 피해만 더 키울 수 있다.

2. 락업코인 판매(블록딜) 사기
- 주식 등 투자에 따른 손실을 보상하는 것은 「자본시장법」 제55조(손실보전 등의 금지) 위반이며, 같은 맥락으로 금융감독원 등 기관에서 직접 손실을 보상하라고 명령하거나, 피해 회복을 위해 리딩방을 통해 좋은 종목을 잘 추천하라고 지시하는 일은 절대로 없다.

  특정 인터넷 사이트나 텔레그램 등을 통해 개인의 인적사항을 사고파는 거래가 활발히 이루어지고 있는데 늘 주의해야 한다.
- 사기를 치기 위해 특정 개인 혼자 활동하는 경우는 극히 드물거나 없다고 보아도 무방하다. 보통 TM(Tele Marketing), Leading, 돈세탁 등 업무가 나눠진 팀 단위로 움직이며, 흔히 리딩방에는 허위로 수익률을 인증하거나, 지시자 시그널에 따른 매수·매도 인증을 하거나, 수억 원에 달하는 수익금을 정상적으로 출금했다고 인증하거나, 지시자와 특정 코인을 찬양하는 말을 거침없이 내뱉는 소위 "바람잡이"가 존재한다. 보통 같은 단톡방에 있는 사람들을 나와 같은 처지의 투자자라 생각하는 게 일반적인데 누군가가 돈을 벌었다고 자랑하며 인증하는 '찬양 글'마저도 모두 거짓일 가능성이 있으므로 쉽게 믿어서는 안 된다.
- 국내 주요 가상자산거래소 대부분은 신규 코인 상장 여부에 대해 극비사

항으로 관리하고 있으며, 정보가 유출되거나 내부직원이 직접 매매에 가담하는 경우 매우 강하게 조치하고 있다. 심지어 특정 가상자산거래소 신규 상장 예정인 코인에 관한 정보는 감독당국에서조차도 알 수 없다. 당연히 해외 가상자산거래소 상장 여부는 더더욱 알 수 없다. 타인이 매수하면 본인이 더 싸게, 더 많이 선취매할 기회가 줄어드는데 그렇게 얻기 힘든 신규 코인 상장 정보를 일면식도 없는 여러분께 수십 차례 먼저 연락하면서까지 알려 준다는 말인가? 악마의 속삭임과 다름없음을 잊지 말아야 한다.

- 락업코인을 판매하는 사기꾼들은 애초에 본인들이 10분 내외 투자해서 만든 엉터리 코인을 들어본 적도 없는 해외 낯선 가상자산거래소에 상장 수수료(상장 Fee)로 3~5천만 원가량 지불하고 상장시킨다. 이후 본인들이 가지고 있는 물량으로 자전거래를 계속하며 특정 가격을 유지시킨다. 동시에 투자자에게는 역사의 한 획을 그을 위대한 코인인 것처럼 홍보하며 투자금을 편취하고, 락업 해제일 전에는 모든 물량을 시장에 폭포수처럼 쏟아 내 가격을 1/100, 1/1,000 등 수준으로 폭락시켜 버린다.

국내 또는 해외 대형 가상자산거래소 상장이라는 달콤한 유혹에 속아 위험성 높은 투자가 최선의 선택일지 진지하게 고민해 보아야 한다.

3. 로맨스 스캠 사기
- 금융감독원에 접수된 대부분의 로맨스 스캠 사기는 SNS 등을 통한 온라인 접근 방식이 다수를 차지하고 있으나, 오프라인상에서도 지인의 소개 형식으로 의도적으로 접근하여 호감과 신뢰를 얻은 후 같이 가상자산에 투자해 보자고 권유하는 사례가 확인되었다.
- SNS를 통해 접근하는 낯선 사람, 특히 이성에 대한 의심의 끈을 놓지 말

고 항상 경계해야 한다. 사기꾼들은 어떻게든 투자자로부터 금전을 편취한 뒤, 해당 자금을 해외 가상자산거래소나 익명의 개인지갑 등으로 옮기며 자금 세탁의 과정을 거친다. 일부 사람들만 별도로 모아서 거래하는 사기를 위한 가짜 가상자산거래소는 차트가 다른 시장과 다르게 움직일 수 있고, 다른 가상자산거래소에 상장조차 되지 않은 코인을 대상으로 매매 지시하여 투자자가 확인하기 어려운 경우도 있다. 무관하게 손익이 발생한 것처럼 표시해 투자자를 속일 수 있다는 점을 인지할 필요가 있다.

4. 유명 코인 사칭 사기
- 그 어떤 핑계를 막론하고 누군가로부터 현재 국내 주요 가상자산거래소에 상장된 코인을 "시세보다 저렴하게 매수할 수 있는 기회"라며 제안받았을 때, 최소한 Contract 주소라도 확인해 본다면 피해를 조금이라도 예방할 수 있을 것이다.
(Contract 주소: 코인별 가지는 고유값으로 금고로 비유하면 개인금고가 아닌 공용금고처럼 한 계열 토큰들이 함께 사용하는 주소를 말한다)
- 보상 계약 등 각종 서류를 작성하며 투자자를 안심시키는 경우가 매우 많이 확인되었다. 지급보증서니, 확약서니, 어떤 형태의 서류를 작성해 주더라도 결코 쉽게 믿어서는 안 되고 조심해야 할 필요가 있다.

5. 가상자산 리딩방, 대리매매 사기
- 리딩방을 운영한다는 자칭 고수들은 수십, 수백 퍼센트 수익률을 아주 우습게 말하고 홍보하는데, 리딩방 업체들에 비하면 투자의 대가로 유명한 워런 버핏조차 연평균 수익률이 고작 19.8%에 불과하다. 왜 그 자칭 고수들은 아직도 전 세계 부호 명단에 없는 걸까? 어쩌면 매매로 승부가 안

되니 사람들을 끌어모아 회비라도 받으며 연명하는 건 아닌지 의구심을 가질 필요가 있다.

심지어 일부 리딩방은 여러 개의 방을 각기 다른 이름으로 만들고 그중 절반은 상승을, 절반은 하락을 예상한 뒤 방향을 맞추는 쪽만 남겨 두는 방식으로 운영하고 있다. 가상자산 유튜브 채널과 리딩방을 운영하는 사람 중에는 경제나 투자에 대한 공부를 해 본 적이 없어 관련 지식이 전무하고, 가상자산이나 금융 투자와는 무관한 일을 하다가 유튜버로 전직한 뒤 투자 고수인 것처럼 허세를 부리고 있는 자도 있다고 한다.

- 대리매매에 계정 정보와 비밀번호까지 알려 주는 우를 범해서는 안 된다. 본인이 투자할 돈 없으니 남의 돈으로 투자해서 "운 좋게 벌면 반띵, 잃으면 알 바 아님"이라는 식으로 무책임하게 매매할 것이 뻔히 보이기 때문이다.

6. NFT 경매 사기

- 매일 오전, 오후 2번 참여할 수 있고 2~5% 상당 수익을 얻을 수 있으니 NFT 경매에 대해 소개받고 같이 투자해 보는 것이 어떻겠냐는 회유에 대출까지 받아 투자한 후 4억 원 상당의 USDC가 모두 사기꾼의 개인지갑을 거쳐 해외 가상자산거래소로 옮겨져 피해를 본 사례가 있었다.

한 번에 큰 수익을 제시하지 않더라도 상대가 주장하는 수익률의 복리 효과까지 종합적으로 고려해 본다면 마치 합리적인 제안처럼 잘 포장된 사기꾼의 덫은 아닌지 다시 한번 점검해 봐야 한다. 하루 2~5% 상당의 수익률은 하루에도 수십 또는 수백 퍼센트 움직이는 가상자산 시장의 변동성을 감안할 때 얼핏 보면 매우 작아 보이는 수익률이다. 하지만, 매일 2%씩 1년 복리로 계산하면 137,641%(1,376배), 매일 5%씩 1년 복리로 계산하면 5,421,184,058%(54,211,840배)가 계산되는데, 이는 평범한 학생조차도 고작 1만 원으로 1,376만 원~5,421억 원을 벌 수 있다는 것이다.

1년 만에 54,211,840배를 벌게 해 주는 투자처가 있다고 하면 당연히 의심하고 사기라고 생각할 것이다. 그런데 반대로 하루에 5%를 벌 수 있다고 하면 다소 의심은 될 수 있겠지만 말도 안 되는 헛소리로 치부하지는 않을 것이다. 사기꾼들은 이러한 심리적 요인을 잘 이용하고 있다.

- 최소한 비정상적인 수익률을 홍보하며 투자를 유인하는 업체에 대한 의심과 경계심을 갖고 투자 자체를 지양하는 것이 일반 투자자 입장에서 가장 최선의 선택이 될 것이다. 금전이 개입된 거래에서는 가족도 친구도 쉽게 믿기 어려운 세상에서 누군가 나에게 온라인 채널을 통해서든, 오프라인으로든 접근하여 투자를 권유한다면 한 번이라도 더 의심하고 최소한 금융감독원이나 경찰 등에 "현재 내가 이러이러한 상황인데, 비슷한 상황에서 피싱이나 사기 피해를 당한 사례가 있는지" 문의해 보기를 권장한다.

··· 가상화폐에 대한 IMF의 입장

국제통화기금(IMF)은 2023년 2월 23일 국제 공조를 통해 시장을 공동으로 모니터링하는 규제의 틀을 구축할 것을 권고하면서 아홉 가지 정책 요소를 제안했다.

첫 번째로 가상화폐를 법정화폐로 지정하는 것을 지양하고 통화주권과 안정성을 보호해야 한다고 했다.

두 번째로는 과도한 자본 흐름 변동성을 방지하고 관리 방안을 유지하는 방안이 거론되었으며 세 번째로 가상화폐에 대한 국가 재정 리스크의 분석, 네 번째와 다섯 번째로 가상화폐의 법적 확실성을 확립하고 시장 내 행위자에 대한 감독 요구사항의 개발과 시행을 강조했다.

여섯 번째, 각국 기관 간에 공동으로 모니터링하는 규제의 틀 구축을 권장했고 일곱 번째와 여덟 번째 사안으로는 가상화폐 규제 집행을 위한 다국적 협력이었다. 아홉 번째로 초국경 지불을 위한 디지털 인프라 및 대안 솔루션 개발이었다.

여섯 번째를 비롯해 후반부에는 공통으로 국제 공조를 강조했다.[18]

··· 불법 다단계 별도 처벌 여지

불법 다단계가 '다단계'라는 이름으로 보도되어 정상적인 영업을 영위하는 다단계판매 영역까지 도매금으로 넘어가는 현상이 빚어지고 있다.

무등록 다단계나 금융 피라미드 등 불법 다단계, 불법 행위에 대해 현재의 「방문판매법」으로 처벌이 가능하다고 하지만, 근절을 위한 특단의 조치가 필요하다고 생각된다. 유사수신행위를 시도조차 할 수 없도록 처벌 수위를 한층 높이는 별도의 방안을 강구하는 조치가 필요한 것으로 보인다.

---

18) 유동길, 국제통화기금, 가상화폐 정책 대응 핵심 요소 발표, 경향게임스, 2023. 2. 27. (www.khgames.co.kr)

Multi-Level Marketing

4장
다단계판매를
하고 싶다면

다단계판매로 많은 수익을 창출하기가 쉽지만은 않은 점을 다각도로 살펴보았다.

다단계판매로 돈을 벌 수 있다는 말에 관심을 갖고, 또는 다단계를 하면 생각보다 괜찮은 소득을 올릴 수 있을 것 같다는 생각에서 시도해 보고 싶은 20대가 있다면 다시 한번 신중하게 접근해 주기 바란다. 능력이 뛰어나고 소질이 있다고 해도 판매 조직을 구축하고 그 조직을 통해 기대하는 소득을 얻기까지는 많은 시간과 노력이 필요하기 때문이다.

그래도 굳이 다단계판매를 해 보고 싶다면 어떻게 준비하고 실천하는 것이 좋을까? 사전에 주의 깊게 짚어 보아야 할 점을 중심으로 대안을 제시한다. 최소한의 바로미터(barometer)로 삼아 주었으면 한다.

세 가지 권고

··· 부업으로

다단계판매를 하고 싶은 마음이 들면 부업으로 해 보기를 권한다.

다단계 영업(business)을 25년 이상 했다는 『쇼더플랜』의 저자 돈 페일러조차 "여유 자금이 있고 지금 수입의 2배 정도의 수입이 발생할 때까지는 본업을 그만두지 않는 것이 좋다."라고 했을 정도로 처음부터 본업으로 뛰어들지 말 것을 당부하고 있다.

어떤 이유로 인해 회사를 떠나고 싶거나 자영업을 그만두고 싶어서 대안으로 다단계를 본업으로 선택할 경우 이전보다 못한 경제적 곤경에 처할 수도 있음을 알아야 한다. 간혹 돈을 벌려면 다단계를 전문적인 직업으로 삼아 집중하고 몰두해야 한다는 사람도 있지만 자칫 경제적 곤경뿐 아니라 가정의 불화를 불러올 소지도 있다.

예를 들어 다단계판매원이 되면 시간이 갈수록 전국 각지에서 후원 요청이 많이 들어오게 될 텐데 이를 외면하기 어렵다. 수시로 지역을 불문하고 시간적·물질적 투자를 해야 하위 라인이 확산되기 때문에 가정에 소홀해질 수 있다. 요즘 같은 디지털 시대에 전국을 돌아다니며 후원하는 것은 전근대적이라고 하겠지만 모든 후원이 온라인으로 이루어질 수는 없는 것이고 기본적으로 다단계 조직의 확산은 대면하여 관계를 맺어 가는 데 기인한다.

다단계판매는 출근과 시간이 자유롭다는 얘기와 달리 공휴일도 잊은 채 움직여야 하는 현실에 직면할 수 있는 것이다.

그렇다면 부업으로 다단계를 하는 것은 수월할까? 공공기관에 근무하는 사람이 본인을 대신하여 부인에게 다단계회사의 행사에 참석하게 한 후 동료에게 제품 구입을 권유한 경우에도 '겸직금지 위반'이라는 판결이 나온 바 있다. 기업체에서 다단계를 부업으로 하는 것도 영리업무 겸직 처분을 받을 소지가 크고, 자영업을 하면서 부업을 하는 것도 본업에 대한 집중도가 떨어져서 쉽지 않다. 참고로 「방문판매법」에서는 15조 2항 1호에 의해 국가공무원, 지방공무원, 교육공무원과 사립학교법에 따른 교원은 겸직하여 다단계판매원으로 등록할 수 없게 하였다. 위반 시에는 1년 이하의 징역 또는 3천만 원 이하의 벌금이 부과된다.

다단계판매원으로 활동하면서 주변 동료를 가입시키고 후원수당을 받아 감사원 징계를 받은 공무원, 말레이시아에 본사를 둔 점조직 다단계업체의 판매원으로 활동하면서 부하 등에게 투자 권유를 하고 수당을 챙긴 해병대 부사관, 동료 직원들에게 다단계업체 제품을 소개하고 구입을 권유하다 적발된 공기업 직원, 모두 겸직 의무 위반으로 징계를 받았다.

이처럼 부업으로 다단계를 하는 것도 용이하지 않지만 다단계판매를 하고 싶으면 그래도 본업보다는 부업으로 접근하길 권한다. 주변에 다단계를 부업으로 하는 사람의 사례를 참고할 수도 있겠고 집에서 사용하는 세제나 화장품, 치약 등 생필품 위주로 가성비가 괜찮다 싶으면 부업 개념으로 주위 지인들에게 소개하며 시도해 보기 바란다. 부업으로 하면 돈벌이에 욕심을 내어 대들 필요가 없게 되고, 다단계판매를 하면 고수입을 올릴 수 있다는 말에 현혹될 필요도 없게 된다. 간혹 코로나 이후 일부 신종 유사 다단계업체에서 실제로는 판매원을 모집하면서 "온라인으로 부업을 통해 돈을 쉽게 벌 수 있다."라며 접근하거나 제품 체험단이라고 홍보하는 경우가 있는데 '사행적 판매원 확장행위'에 해당되는 것은 아닌지 살펴본 후 조심스럽게 응해야 한다.

··· 한곳에 뿌리내리기

다단계를 부업으로 한다고 해도 이곳저곳 옮겨 다니게 되면 다운라인을 만들어 가는 과정에서 연속성이 떨어지고 낯선 회사와 제품, 낯선 사람을 만날 수밖에 없다. 환경에 적응하는 기간이 반복되고 옮겨 다니는 것이 습관화될 수 있다.

어떤 이유에 의해 회사를 옮기게 되는 것일까.
첫째, 일을 해 본 결과 기대했던 만큼 소득이 많지 않기 때문이다. 열심히 지인에게 소개도 해 보았고 판매 조직도 키우기 위해 노력했는데, 제품력이 뒤따라 주지 못하거나 초대하고자 하는 상대방이 다단계 동참을 기피하는 등의 이유로 판매 조직의 확산이 더디어 후원수당 수령액이 생각보다 작으면 다른 회사를 기웃거리게 된다.
둘째, 꼭짓점만 지향하다 옮기는 경우도 있다. 다단계는 꼭지에 있어야 돈을 벌 수 있다는 말에 새로 출발하는 회사를 찾아 여기저기 옮기다 보니 그때마다 다운라인 조직을 새로 짜야 하고 의도한 대로 판매 조직이 형성되지 않으면 또다시 다른 회사를 찾게 된다.

셋째, 인간관계의 갈등 때문에 다른 회사로 옮기게 된다. 다단계는 사람과 사람의 비즈니스이고 자신의 다운라인뿐 아니라 업라인과의 인간관계도 실적에 영향을 미치게 된다. 상대방과의 인간관계에 금이 가거나 불협화음이 깊어지면 상처를 입고 다른 회사를 찾게 된다. 이직이 심한 스폰서와의 갈등도 한 요소가 된다. 여러 곳을 옮겨 다닌 사람을 스폰서로 두는 것은 좋지 않다. 이런 스폰서는 지금 일하는 회사를 최고라고 하지만 다른 회사로 이동한 후에는 몸담았던 회사를 비방하거나 비난하는 일을 되풀이하는 경우가 많다.

··· 장기전으로 임해야

부업으로 다단계를 하면 단기간에 승부를 보려는 마음이 줄어들 수 있지만 상대적으로 자신이 정한 일정한 기간에 후원수당 수령액이 생각보다 적으면 다급해지고 초조해질 수 있다. 하지만 다단계는 결코 단기간에 승부가 나지 않는 비즈니스(business)라는 점을 명심해야 한다. 짧은 시간에 돈을 벌 수 있는 분야가 아니다.

다단계 분야에서 세계적으로 가장 뛰어난 전문가 중 한 사람이라고 자평하는 랜디 게이지(Randy Gage·미국)도 그의 저서 『네트워크 마케팅 사업을 쉽고 빠르게 성장시키는 방법』에서 "네트워크 구축은 2~4년 걸리는 일이라고 믿는다."라고 하였다.

자신이 사용해 본 제품의 효능이나 좋은 점을 주위에 알려 주고 그것을 소개받은 사람이 자신의 다운라인으로 들어오게 하고, 그런 사람들이 모여서 조직 형태로 만들어지고 형성되어 가는 과정에 이탈이 없도록 챙기는 일이 단기간에 쉽게 이루어지지 않는다.

가장 잘나간다는 평판 좋은 판매원이 취했던 과정과 노력을 유심히 살펴볼 필요가 있으며, 공부하는 자세로 처음부터 크게 생각하지 말고 장기전으로 임하는 자세를 견지해야 한다.

"충분한 소질도 있어 보이고 직급에 올라가야 돈이 되니 빨리 직급에 도전해 보라."라는 주위의 말에 깊은 생각 없이 속전속결로 빠져드는 누를 범하는 것도 주의해야 한다.

다단계판매는 사람과 사람 간의 관계를 통해 이루어지는 영업이므로 자신이 등록시키거나 가입시키는 사람 한 명 한 명에게 정성을 쏟아 가며 어떻게 후원해야 좋을지 계획하면서 조급증에서 벗어나 긴 안목으로 착수하는 것이 중요하다.

경험담과 체험담을 축적하고 공유하며 어떻게 하면 제품과 회사, 보상플랜의 내용을 합리적으로 설명할 것인가를 고민하고, 그것을 시스템으로 만들어 조직이 확대되도록 긴 호흡으로 임하는 것을 중요한 키워드로 삼는 것이 좋다.

쓸 만한 다단계회사 고르기

많은 다단계업체 중 어느 회사가 좋을까? 출발이 좋아야 결과가 좋듯이 어느 회사로 정하는지가 성패의 시발점이라고 해도 지나치지 않을 것이다.

글로벌 회사라고 자랑하는 사람, 외국계보다는 국내 회사가 좋다는 사람, 설립된 지 얼마 안 된 회사가 라인 구축의 장점이 있다는 사람, 오래된 회사가 안정적이라는 사람 등 저마다 장점을 내세워 어떤 회사를 선택하는 것이 좋을지 망설여지게 된다. 회사를 잘 선택하는 것은 대단히 중요한 사항이므로 좀 길게 설명한다.

⋯ 두 가지 요건 충족 확인

법에서 정한 기본 요건을 갖춘 다단계업체인지는 두 가지 판별 방법이 있다.

첫째, 각 시·도지사가 발급한 다단계판매업 등록증이 있는지 확인해 보아야 한다.

등록증이 있다는 것은 자본금 등 등록 요건을 충족하였다는 뜻이다. 등록을 하려면 자본금이 5억 원 이상이라는 것을 증명하는 법인등기부등본과 소비자피해보상보험계약 등의 체결을 증명하는 서류, 후원수당의 산정 및 지급 기준에 관한 서류, 재고관리, 후원수당 지급 등 판매의 방법에 관한 사항을 적은 서류, 회사의 영업일을 적은 서류 등을 제출하여야 하고, 담당 공무원은 법인 등기사항증명서와 사업자등록증을 확인하게 되어 있으므로 등록증이 있다는 것은 기본 필요조건을 충족한 회사로 볼 수 있다.

둘째, 공제조합에 등록되어 있는지의 확인이 반드시 필요하다.

공제조합은 직접판매공제조합(www.macco.or.kr)과 한국특수판매공제조합(www.kossa.or.kr)이 있다. 공제조합 사이트에 접속하여 회원사란에 알아보고자 하는 다단계판매회사 이름을 입력하면 등록번호와 업종, 주소, 전화번호, 공제계약 체결일 등을 확인해 볼 수 있고, 해당 회사의 홈페이지로 연결되는 아이콘(icon)도 있다.

⋯ 공정위 공개정보 탐색

공정위 홈페이지에 들어가면 알아보고자 하는 회사의 영업실적과 재무정보, 연혁 등을 자세히 열람해 볼 수 있다.

공정위 홈페이지(www.ftc.go.kr) → 정보공개 → 사업자정보공개 → 다단계판매업자 → 20★★년 정보공개(20★★년도 분) → 열람하고자 하는 다단계판매 회사명

'다단계판매업자의 정보공개에 관한 고시'에 따라 다단계판매업자는 자신이 경영하는 업체와 관련된 정보에 관해서 공정위에 진실되고 명확

한 자료를 제공하도록 의무화하고 있다. 다단계판매업자의 정보는 연 1회 공개를 원칙으로 하고 있으며 보도자료를 통해 각 언론사에 공개하거나 공정위 홈페이지 게재, 종합상담실 자료 비치 등을 통해 공개하고 있다. 다만, 신규업체로서 직전 연도의 자료를 작성할 수 없는 경우와 사업자의 휴업·폐업·부도·영업정지 등으로 자료를 제출할 수 없는 경우, 자연재해, 파산, 사업의 전부 양도, 화의개시, 회사정리절차 개시의 신청 등으로 자료를 제출할 수 없는 경우는 정보공개가 적용되지 않을 수 있다.

공개되고 있는 각 다단계판매 회사의 내용은 다음과 같다.

1. 다단계판매회사의 일반 정보
등록번호 및 등록일, 성명(법인인 경우에는 대표자의 성명), 상호, 소재지, 전화번호

2. 매출액과 관련된 정보
부가가치세를 포함한 총매출액과 상위 매출액 5개 품목의 개별 매출액

3. 후원수당과 관련된 정보
- 지급 사유가 발생한 시점 기준의 후원수당총액
- 총매출액 대비 후원수당 지급액 비율
- 후원수당 지급분포도
  - 판매원 구간별 후원수당 지급분포도와 후원수당 금액 수준별 지급분포도

4. 회사 연혁 및 지배구조와 관련된 정보

최근 3년간 대표이사·등기이사 변경 내역과 상호 변경 내역, 본사 소재지 변경 내역, 영업양도·양수, 합병 내역

5. 소비자 불만 처리와 관련된 정보

반품·환불 요청 건수 대비 반품·환불 처리 건수와 처리액 비율과 소비자 불만 관련 업무를 처리하는 담당 부서 명칭 및 연락처

6. 다단계판매원 수·후원방문판매원 수와 관련된 정보

다단계판매원으로 등록하거나 가입한 총판매원 수와 다단계판매원으로 등록하고 사업활동을 통해 후원수당을 지급받고 있는 판매원 수

7. 재무상태와 관련된 정보

직전연도의 당기순이익, 대손충당금 산정액, 자산·부채 및 자본금

8. 신용평가 혹은 평가·인증과 관련된 정보

공신력 있는 외부기관에서 신용평가를 수행한 경우, 당해 신용평가 등급과 신용평가 혹은 평가·인증을 한 기관 명칭

9. 공정위 등으로부터 시정조치 등을 받은 내용에 관한 정보

··· 안정적인 회사

다단계를 해 보고 싶어 찾은 곳이 하필 불안정하여 길게 가지 못하게

되면 무척 당혹스러운 처지에 놓이게 된다. 기울이는 노력이 헛되게 되고 기대할 게 별로 없게 된다. 후원수당이 제때 지급되지 않는다든지 제품 재고가 떨어진다든지 경영진의 불화가 발생한다든지 하여 회사가 불안정한 상태에 빠지면 난감해질 수밖에 없다.

안정적인 회사로 가면 되지 않느냐고 반문할 수 있지만 튼튼한 회사인지 판단하기가 쉽지 않다.

더욱이 다단계판매원이 회사의 실체를 파악하는 것은 무척 힘들고, 판매원의 신분으로 회사 경영 상태나 경영진의 정보에 접근하는 것은 더 힘들다. 절친한 지인의 얘기를 듣고 다단계에 동참하는 경우가 많지만 지인의 말에 완벽한 신빙성을 부여하기도 어렵다.

다단계판매원은 대체적으로 '센터'로 칭하는 영업소에서 일하게 되는데 센터에 속한 판매원이 본사의 이런저런 내용을 파악하는 것은 매우 어렵다. 본사에 근무하는 내근 직원과의 면담이나 대화조차 손쉬운 일이 아니다.

또한 경영실적이 계량화되어 있는 곳이라면 재무제표를 통해 튼튼한 회사인지 알아볼 수 있겠지만, 다단계판매 회사는 대부분 비상장이어서 공시 자료가 없는 형편이다. 다만, 비상장 회사이더라도 직전 사업연도 말의 자산 총액이 500억 원 이상인 회사 등 일정한 기준에 이르면 「주식회사 등의 외부감사에 관한 법률」에 의해 외부감사를 받게 되어 있고 결과를 공시하도록 하고 있다.

공시하는 회사는 금융감독원의 전자공시 시스템(DART, Data Analysis Retrieval and Transfer System)을 이용하여 재무제표를 조회할 수 있는데, 공시를 제대로 하지 않은 회사는 조회가 안 된다. 주식회사를 기준으로 외부감사를 받게 되는 기준을 알아보자.

1. 직전 사업연도 말의 자산총액이 500억 원 이상인 회사
2. 직전 사업연도의 매출액이 500억 원 이상인 회사
3. 다음 사항 중 2개 이상에 해당하는 회사
    가. 직전 사업연도 말의 자산총액 120억 원 이상
    나. 직전 사업연도 말의 부채총액 70억 원 이상
    다. 직전 사업연도의 매출액 100억 원 이상
    라. 직전 사업연도 말의 종업원 100명 이상

공시되는 다단계회사를 제외한 비상장 다단계회사의 재무제표를 일반인이 무시로 열람하는 것은 거의 불가능하다. 유료서비스로 정보를 제공하는 곳을 이용하는 방법이 있기는 하지만 규모가 작은 회사의 재무제표는 최근 내용을 보기 어렵다.

재무제표의 열람이 가능하다면 건전성을 나타내는 재무비율 중 유동비율과 영업이익률, 부채비율, 이자보상배율 등 네 가지 정도의 분석을 통해 그 회사의 안정성을 판단해 볼 수 있다.

- 유동비율: 유통비율은 기업의 신용 능력을 나타낸다. 이 비율이 크면 클수록 재무 유동성이 크고 안정적이라는 의미가 된다. 가령 유동비율이 350%라면 갚아야 할 유동부채보다 3.5배 많은 유동자산을 가지고 있다는 뜻이 된다. 보통 200% 이상으로 유지될 때 이상적이라 할 수 있다.

- 총자산순이익률: 총자산을 얼마나 효율적으로 운용했는지를 나타내는 지표로서 높을수록 자산을 효율적으로 활용하고 있다는 것을 의미한다.
- 부채비율: 부채비율은 상환해야 할 부채 총계에 대해 자기자본이 어느 정도 준비되어 있는가를 나타내는 것이며, 기업의 건전성을 판단하는 중요 지표이고, 안정성비율이라고도 한다. 이 비율이 높을수록 그 회사의 재무상태는 건전하지 못한 것으로 해석할 수 있다. 예를 들어 어느 기업의 부채비율이 200%라면 회사가 보유한 자본보다 부채가 2배 많다는 뜻이다.
- 이자보상배율: 이따금 뉴스를 통해 이자도 못 내는 영업을 한 회사가 있다는 소식을 접한 적이 있을 터인데, 이자보상배율은 기업이 벌어들인 수입 중에서 이자를 어느 만큼 내고 있는 것인지를 나타내 주는 비율이며, 영업이익을 이자비용으로 나누어 산출한다. 이자보상배율이 1일 경우는 벌어들인 돈으로 이자를 지불하고 나면 남는 돈이 없다는 뜻이고, 1보다 크면 이자를 지불하고 남는다는 의미이다. 이자보상배율이 1 미만이면 영업을 하여 발생한 이익으로 금융 이자조차 지불할 수 없는 상태라는 것임을 뜻한다.

참고로 기업데이터연구소 'CEO스코어(www.ceoscoredaily.com)'에서 2023년 9월 국내 500대 기업 내 유통사 44개를 대상으로 재무건전성을 조사한 결과에 의하면 유통업계 평균 유동비율은 88.9%이고, 총자산영업이익률은 1.6%, 부채비율은 167.6%, 총자산영업이익률(ROA)은 1.6%, 이자보상배율은 1.5배였다.

··· 제품력 있는 회사

제품력이 뒷받침되어야만 다단계판매를 하더라도 하부 라인을 구축해 나가는 데 절대 유리하다는 것은 불문가지이다.

대체적으로 다음과 같은 제품을 보유하고 있는 회사가 소구력(appealing power)을 갖게 된다고 볼 수 있다.

- 소비 확산이 가능한 제품: 한번 구매하고 나면 특별한 이유가 없는 한 재구매가 잘 이루어지지 않거나 구매 기간이 길어지는 내구재보다는 반복 구매가 활발하게 이루어지는 소비재로서 판매 조직이 확산되기 쉬운 제품
- 질이 우수한 제품: 일반 시중에서 판매되고 있는 제품과 견주어 봐도 질적으로 손색이 없거나 더 뛰어난 제품
- 독점 제품: 독점 제품을 취급하는 회사를 찾기가 매우 어렵기는 하지만 그래도 독점 제품이 있다면 다른 업체에 비해 훨씬 유리하다.

이와 같은 점에 착안하여 과거와 달리 현재 대부분의 다단계업체는 소비재 위주의 제품으로 제품군을 형성해 가고 있으며, 한편으로는 특허가 있는 제품 등 다른 업체와 차별화될 수 있는 독특한 제품을 도입하여 판매 조직 확산을 도모하는 경우도 있다.

추가 제품의 개발이 빠르게 이루어지는 곳은 더욱 좋다.

판매 조직에 활력을 불어넣기 위한 목적이나 조기에 빠르게 판매 조직을 갖추기 위해 지나친 욕심을 보이는 곳은 매우 위험하므로 조심해

야 한다.

예를 들어 항암에 효과가 있다며 '사슴 태반 줄기세포'를 함유한 캡슐을 수입하여 판매한 다단계업자가 식품의약품안전처에 적발돼 검찰로 넘겨진 적이 있다.

사슴 태반 줄기세포가 항암작용, 암세포 사멸 유도 등 질병 예방과 치료에 효능·효과가 있다면서 60캡슐 1병당 50만~60만 원에 판매하여 「수입식품안전관리 특별법」,「식품위생법 및 식품 등의 표시·광고에 관한 법률」을 위반한 혐의를 받았다.

제품의 성분과 함량을 기준으로 2만 5천 원대의 제품보다 함량이 적은 칼슘제를 33만 원에 판매한 경우도 있었다.

··· 후원수당 지급이 합리적인 회사

보상플랜, 곧 후원수당지급규정이 합리적이어야 한다.

선택하고자 하는 회사의 보상플랜, 곧 후원수당지급규정이 합리적인지를 살펴보아야 한다. 이 업계의 경험이나 경력이 많지 않으면 보상플랜의 내용을 자세히 파악하는 데 어려움이 있을 수 있는 점을 감안하여 이 부문에 해박하고 경험 많은 사람의 도움을 받는 것이 좋다.

환경의 변화에 따라 보상플랜을 변경하는 경우가 있는데, 때때로 지급규정을 바꾸는 회사는 가급적 피하는 것이 좋다. 후원수당 지급 기준을 바꾸면 곧바로 판매 조직에 영향을 미치게 되어 신뢰를 잃어버리게 되고 심하면 조직의 와해까지 불러올 수 있기 때문이다. 후원수당 지급 날짜를 어기거나 변경하는 회사, 지급액이 크다며 수수료를 낮추거나 다른 프로모션 등으로 대신하는 회사도 피하는 것이 좋다.

후원수당 지급 방식이 사재기를 유발하지 않는 곳, 직급 유지를 위한 매출달성 등이 의무적이지 않은 곳을 선택하는 것도 회사 선택의 기준이 될 수 있을 것이다.

실제로는 법으로 정한 후원수당의 지급 한도를 초과해 지급해 놓고 정상적으로 지급한 것처럼 정보공개 자료를 제출한 업체가 적발되는 사례도 있으므로 법의 테두리를 벗어나 후원수당을 지급하는지의 여부를 살펴볼 필요성도 있다. 이런 경우 당장은 판매원에게 해를 끼치지 않는다 해도 결국 몸담고 있는 회사가 제재를 받게 되어 판매에 영향을 미치게 된다.

⋯ 영업이 지속되어 온 회사

몇 년쯤 경과된 다단계회사와 매출 실적이 좋게 유지되는 회사를 선택하거나 매출액 상위업체 중 택일하는 것도 하나의 방안이다.

설립된 지 얼마 지나지 않은 다단계판매 회사는 업력이 일정 궤도에 오르기까지 일정한 과정을 거칠 수밖에 없고 자칫 굴곡이 있을 수 있으므로 신중을 기하는 것이 좋을 것 같다. 그렇다고 모든 신설 회사가 위험하다고 볼 수는 없다. 사업 계획이 미래지향적이고 현실성이 있으며 제품력과 재무 상태가 좋은 곳이라면 신설 회사나 설립한 지 얼마 안 되는 회사도 고려해 볼 만하다.

이 밖에 평판을 종합하여 회사 문화와 경영진의 경영철학이 남다른 것으로 판단되는 회사를 선택하는 것이 좋다.

멘탈(mental) 가다듬기

가장 좋은 판매와 후원방법은 존재하지 않는다. 기본 소양을 갖추고 최선의 노력을 다하는 것이 가장 쉽고 빠른 길이다.

우선 무슨 일을 하더라도 마음가짐과 정신 자세가 가장 중요하다. 다단계판매에 임하는 데 있어서도 마찬가지이다. 이루어 내겠다는 의지와 함께 굴곡이 있더라도 좌절하지 않고 헤쳐 나갈 수 있는 멘탈이 항상 살아 있어야 한다.

멘탈이 강한 사람은 어떤 특징을 갖고 있을까?

미국 건강정보사이트 사이콜로지 투데이(Psychology Today)에서 소개한 열 가지를 살펴보기로 한다.

– 정희은, '멘탈이 강한 사람은 뭐가 다를까? 10가지 특징'
2022. 6. 22., 코메디닷컴(kormedi.com)

- **하루를 시작할 때 감사함을 느낀다**

나는 힘든 날을 보내고 있는데 주변 사람은 행복한 모습을 볼 때면, 나에게도 감사할 일이 있다는 걸 인정하는 게 쉽지 않을 수 있다. 매일 감사한 일을 최소 한 가지 생각할 수 있다면 회복력이 좋다는 뜻이다. 내가 가진 좋은 것, 좋은 관계에 감사하려 노력한다는 신호다. 이것이 습관이 되면 감사함을 통해 정신 건강이 향상될 수 있다.

• **기대할 만한 일을 계획하고 즐긴다**
　친구들과 함께 하는 이벤트나 휴가, 좋아하는 영화를 보며 집에서 조용한 저녁을 보내는 소박한 일상 등 생활에서 기대할 만한 일을 계획하고 그 안에서 만족과 즐거움을 찾으려고 노력한다. 이러한 경험은 불안과 우울감을 줄일 수 있다.

• **화를 내려놓는다**
　우리 모두는 살면서 어려운 관계를 만나고 갈등을 겪지만 거기에 얽매이면 삶을 제대로 살아나갈 수 없다. 이로 인해 다른 사람과 우정을 쌓거나 관계를 맺지 못하게 되면 분노, 슬픔, 외로움과 같은 부정적인 감정이 내면화될 수도 있다. 분노를 놓아 주고 나에게 상처 준 사람에 대한 생각을 멈추면, 삶에서 평화를 찾고 정신이 건강해질 가능성이 높아진다.

• **소박한 것을 즐긴다**
　건강한 정신을 유지하는 사람은 자연 속을 걷는다든가, 친구나 사랑하는 사람과 함께 웃는다든가, 좋은 음악을 듣는 것처럼 단순한 일에서 즐거움을 느낀다. 흥미진진하거나 멋있는 일이 아니더라도 모든 경험에서 얻는 가치를 인정한다.

• **어려운 일이 있어도 계속해서 노력한다**
　어려운 상황에 놓였을 때 동기를 유지하기란 쉽지 않다. 에너지는 바닥나고 희망은 사라지기 시작할지 모른다. 하지만 정신적으로 건강한 사람은 상황이 어려워져도 대개 노력을 멈추지 않고, 때로는 이런 상황에서 더욱 끈기를 발휘한다.

• 주변 사람을 돕는다

정신적으로 매우 건강하고 회복력이 뛰어난 사람은 자기중심적이지 않다. 자신의 상황이 의심스러울 때조차 타인에게 손을 내밀고 할 수 있는 한 돕고자 한다. 큰 도움이 아니더라도 늘 다른 사람을 배려하고 도움을 주려 한다.

• 자기 자신을 돌본다

정신적으로 건강한 사람은 자기 관리를 잘한다. 자신의 필요가 충족되어야 다른 사람을 돕고 자신이 맺고 있는 관계에 최선을 다할 수 있다는 걸 알기 때문에 이를 소홀히 하지 않는다.

• 관계에서 경계를 분명히 한다

정신적으로 건강한 사람은 자신의 공간과 사생활을 침해하지 않는 범위 내에서 도움을 줄 줄 안다. 거절해야 할 때가 언제인지, 스스로에게 여유를 주어야 할 때가 언제인지 안다.

• 다른 사람이 가진 것을 부러워하지 않는다

자기 자신을 타인이나 그들이 가진 것과 비교하며 시간을 허비하지 않는다. 자신이 원하는 것과 성취할 수 있는 것에 집중한다.

• **다른 사람의 일에 행복해할 줄 안다**

　다른 사람을 위해 기뻐할 줄 안다. 이는 자신의 어려움이나 고통 너머를 바라볼 수 있고, 자신의 삶에 어떤 일이 일어나고 있든 다른 사람의 행복을 기꺼이 함께 기뻐해 줄 수 있음을 의미한다.

　또한 멘탈이 강한 사람이 하지 않는 것은 무엇인지 알아보자.

　미국의 사회심리학자 에이미 모린(Amy Morin)이 정리한 '멘탈이 강한 사람을 절대로 하지 않는 열세 가지'를 소개한다. 좀 더 자세한 항목별 내용은 그의 저서 『나는 상처받지 않기로 했다』를 살펴보기 바란다.

1. 자기 연민에 빠져 시간을 낭비하지 않는다.
2. 타인에게 휘둘리지 않는다.
3. 변화를 두려워하지 않는다.
4. 통제할 수 없는 일에 매달리지 않는다.
5. 모두를 만족시키려 애쓰지 않는다.
6. 예측 가능한 위험은 피하지 않는다.
7. 과거에 연연하지 않는다.
8. 실수를 되풀이하지 않는다.
9. 다른 사람의 성공을 시기하지 않는다.
10. 한 번의 실패로 포기하지 않는다.
11. 홀로 있는 시간을 두려워하지 않는다.
12. 세상이 불공평하다고 말하지 않는다.
13. 즉각적인 결과를 기대하지 않는다.

― 에이미 모린, 유혜인 역, 나는 상처받지 않기로 했다, 비즈니스북스, 2015. 3. 31.

네 가지 필수 준비

상대방을 초청하거나 판매 조직을 갖추어 나가기 전에 반드시 준비해 두어야 할 네 가지 요소가 있다. 이것을 제대로 해 놓지 않으면 가다가 멈추거나 되돌아오는 일을 반복하는 등 많은 시행착오를 겪을 수 있기 때문에 준비를 잘 마쳐 두어야 한다.

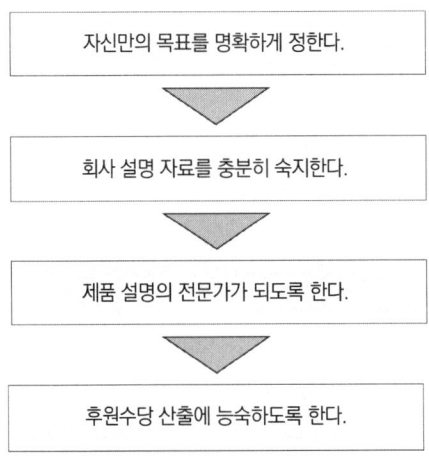

1. 자신만의 명확한 목표 설정

목표가 있을 때 긍정적인 감정도 살아난다.

왜 다단계판매를 하려는지, 그것을 통해 이루고자 하는 목표가 무엇인지를 명확하게 해야만 한다. 무슨 일을 하려면 꿈과 목표가 필요하니까 꿈을 한번 그려 보자는 얘기가 아니다. 현실적인 목표를 설정하는 것이 필요하다.

"꿈은 일어나지 않을지도 모르는 일을 그냥 상상하는 것이다. 하지만 목표는 그것을 이루기 위한 구체적인 계획을 세우고 열심히 노력해 마침내 이루는 것이다. 내게 성공의 본보기가 되어 주는 사람들은 모두 조직적인 목표를 갖고 이를 달성하기 위한 탁월한 계획을 세운 사람들이다." 세계 헤비급 복싱 챔피언 에반더 홀리필드의 코치가 그를 처음 가르치던 날 했던 말이라고 한다.

목표가 구체적일수록 완성도가 높아지므로 실질적인 목표를 수립해야 한다, 예를 들면 다음과 같다.

- 다단계판매를 함으로써 궁극적으로 어떤 상위판매원처럼 되길 원하는가? 상위판매원 중 누구를 롤 모델(Role model)로 삼을 것인가?
- 얼마의 연봉을 목표로 할 것인가? 그러기 위해서는 월평균 후원수당 수령액 목표를 얼마로 할 것인가?
- 몇 달 안에 무슨 직급까지 도달할 것인가?

2. 회사 설명 자료의 충분한 숙지

다단계판매에 입문하는 초보 때는 회사를 홍보하는 방법에 관해 상위판매원 혹은 사업설명회를 통해 듣고 배우지만, 초보 딱지를 뗀 다음부터는 다수의 판매원이 모인 자리에서 능숙하게 설명할 수 있어야 한다.

그러기 위해서는 자신이 몸담고 있는 회사를 부각시킬 수 있도록 충분한 자료를 모으고 숙지해야 한다.

홈페이지를 활용하여 설명하는 요령도 충분히 익혀 두어야 한다.

회사를 설명(briefing)하는 자료는 대개 회사 설립일과 사훈, 대표이사 이력, 자본금, 본사 소재지, 전국 영업망, 해외 현지법인, 각종 인증과 특허 획득 사항, 수상실적, 경영이념과 경영철학, 본사 기구조직, 전국 영업망, R&D 현황, 주요 취급 제품, 제품군별 종류와 내용, 비전(vision) 등으로 구성되는데 사용 목적에 따라 항목을 더하기도 하고 빼기도 한다.

회사를 소개할 때는 상대방에게 충분히 신뢰가 가도록 해야 한다. 경영진의 경력(career)과 이 업계에서의 전문성 등을 강조하여 신뢰감을 각인시키는 것도 좋을 것이다.

3. 제품 설명의 전문가가 되어야

다단계판매를 잘하는 비결은 어찌 보면 제품 설명의 달인이 되는 데 있다고 해도 지나치지 않을 것이다. 후원 조직이 확산되기 위해서는 제품을 사용하는 사람의 확산이 되어야 하기 때문에 제품 소개와 설명의 달인이 되어야 한다.

소득이 발생할 수 있는 활동성 있는 조직이 되게 하기 위해서는 부단히 제품을 홍보하고 사용하게 하고 사용해 본 체험이 두루두루 전달되도록 해야만 한다. 왜 그 제품이 좋은지, 다른 곳의 제품과 무엇이 다르고 차별화되는 점은 무엇인지, 사용해 본 소비자들의 반응은 어떤지, 품질에 비해 가격이 얼마나 저렴하고 적정한지, 어떤 효과가 있는지를 술술 설명할 수 있어야 한다.

여행을 다녀오지 못한 곳을 가 본 것처럼 얘기할 수는 없는 것처럼 가장 좋은 방법은 제품을 본인이 직접 사용해 보고 그 체험을 설명해 주는 것이다. 하지만 제품의 종류와 가짓수가 많을 때 모든 제품을 구매하여 체험해 보기는 어렵다. 비슷할지 모르겠지만 약국의 약사를 예로 들어 보자. 전문의약품부터 일반의약품에 이르기까지 복용 방법과 성분, 효능 등을 모두 꿰고 있어야 상담이 가능하다. 그렇다고 약사가 모든 의약품을 복용해 본 것은 아니지 않은가? 많은 시간을 들여 공부하고 노력한 결과에 의해 설명이 가능한 것이다. 새로운 의약품이 출시될 때마다 분석하고 종전에 발매된 의약품과 다른 점을 찾아낸다. 그런 내공이 쌓여서 설명과 상담이 가능한 것처럼 다단계 제품 설명도 맥을 같이한다.

회사에서 취급하는 모든 제품을 사용해 보는 것이 현실적으로 어렵다면 부단히 공부하고 특징과 장점, 차별성을 내 것으로 만들어 설명할 수 있어야 한다.

4. 후원수당 산출에 능숙하여야

후원수당을 산출하는 방식에 관해 충분히 숙지하는 것은 무엇보다 중요하다. 상대방에게 자기 회사의 수익모델을 나타내는 핵심임과 동시에 모든 노력의 결과가 후원수당 수령액으로 나타나기 때문이다.

자기 회사의 보상플랜이 갖고 있는 우월성, 다른 회사와 어떻게 다르고 어떤 특징이 있는지를 막힘없이 설명할 수 있어야 한다. 레그의 확장과 후원수당의 상관관계, 승급 조건, 직급별 후원수당과 추천수당·매칭수당·공유수당의 지급 방식, 소매 마진, 직급 유지조건, 진행 중인 프로모션 내용 등을 해박하게 알고 있어야 한다.

효율적인 초청

다단계판매를 꾸려 나가려면 누군가를 동참시켜야 하는데, 쉽게 생각하면 아주 간단한 일이지만, 지인과의 친밀도를 떠올리면 쉽지 않은 일이기도 하다.

그렇다고 해서 아는 사람이 많아야 다단계판매에 성공하는 것은 아니다. 절친한 사람이 영업 초기에 도움을 줄 수는 있지만 다단계 영업을 이해하고 관심을 갖는 사람이 아니면 초청에 선뜻 응하지 않는다. 따라서 최대한 많은 사람에게 다단계 영업 방식을 알리고 제품의 정보를 알리는 일을 해 나가야 한다. 나는 기회를 줄 뿐 선택은 상대방에게 달려 있다는 자세를 갖는 것이 좋다.

아무튼 다단계의 사업의 출발점은 초대이고, 이는 본인이 이루고자 하는 목표의 출발점이 된다.

과거에는 거의 대부분 대면으로 초청과 프레젠테이션(presentation)이 이루어진 반면 코로나 이후 비대면 영업이 확산되고 디지털 문화가 확대됨에 따라 다단계에 동참할 사람을 비대면으로 찾고 초청하고 설명하는 방법이 늘어나고 있다.

그 도구로 인스타그램, 블로그, 유튜브, 메신저, 이메일 등이 두루 활용되고 있다.

이 책에서는 온라인이든 오프라인이든 어떻게 초청하고 설명하는 것이 효율적인지에 대한 생각을 나누었으면 한다.

⋯ 초대 명단 작성

판매 조직을 구축하기 위해 알고 지내는 사람들 외에 무작위로 온라인을 이용하는 방법도 있다. SNS를 활용해 추천인 코드로 들어오도록 하여 시간과 공간의 제약 없이 일반 소비자 회원으로 접근하도록 하는 것이 가능하다.

그렇더라도 결국에는 오프라인으로 접근을 시도하는 노력이 필요하다고 생각된다. 다단계의 본질 중 하나인 대면에 의한 관계 형성이 단단한 조직을 구축해 나가는 데 용이하기 때문이다.

초대의 첫 단계는 초대하고자 하는 명단을 작성하는 일이다. 명단 작성은 즉흥적인 초대를 지양하고 체계적인 고객 관리를 위해 필요하다. 한편으로는 초대가 실패할 경우의 두려움 등으로 명단 작성이 망설여질 때는 강력한 자기 암시가 필요하다. "나와 꿈을 공유하고 함께 발전하자는 것이다." "함께 돈을 벌어 보자는 것이다." "비전을 검토할 기회를 주는 것이다." "제품에 관해 유익한 정보를 주기 위한 것이다."라는 등의 자기 암시를 가져야 자신 있게 임할 수 있다.

또한 스스로 초대 명단을 생각해 보는 것도 좋지만, 경험을 갖고 있는 업라인과 상의해 보는 것도 좋은 방법이며, 충분한 시간을 들여 명단을 작성해 보는 게 좋다.

초대 명단은 하루아침에 완성되지 않는다. 100명이나 200명 등 많은 대상자를 목표로 삼고 비즈니스를 진행해 가면서 관계를 맺게 되는 인맥을 통해 계속 업데이트(update)해 나가야 한다. 어렵다고 느껴지는 명단은 보류하는 등 명단을 갈고닦아야 한다. 농사로 비유하면 명단이 풍부한 사람은 비가 오지 않아도 농사를 지을 수 있는 사람이고, 명단이 왜소하면 천수답이 되어 비가 와야만 농사를 짓게 되는 사람이 된다.

⋯ 초청 대상자 분류

명단이 많으면 1차 초청 대상자와 2차 대상자 등으로 분류해 보고, 직업군이나 친척, 학교 동창 등으로 분류해서 초청을 준비하는 것도 좋을 것이다.

⋯ 초대

초청하고자 하는 명단이 작성되면 대상자별로 타이밍을 잡고 초청에 돌입한다.

자신만의 뛰어난 스킬(skill)이 필요한 항목이다.

다단계 사업은 온라인이든 오프라인이든 누군가를 만나야만 일이 시작되는 것이고 만나지 않으면 진도가 나가지 않게 되지만 상대에게 다단계를 하고 있다는 것을 말하는 것부터 부담스러우므로 기량이 필요하다.

다단계를 본격적으로 하려면 거절쯤은 각오해야 하며 프로 정신을 갖고 임해야 할 것이다. 가급적 활동적이고 긍정적 마인드를 가진 지인부터 초청하되 부담을 준다고 생각하지 말고 상대에게 좋은 정보를 제공해 준다는 자세를 갖고 초청한다.

전화 통화를 하기 전에 SNS를 이용하는 방법도 활용한다. 카카오톡이나 이메일을 통해 미리 정보를 전달해 주는 것도 초청에 도움이 될 것이다.

질문에 대처하는 훈련도 해 두어야 한다. 딱 잘라 거절하는 경우, 머뭇거릴 경우, 바쁘다는 경우, 질문을 계속해 오는 경우 등에 응대하는 방법을 업라인으로부터 배우고 나름대로 정립시켜 두어야 한다.

초대하는 방식은, 회사에서 개최하는 컨벤션(convention)이나 설명회에 먼저 초청하여 공신력을 높이는 방법과 사업장(센터, 영업소)의 소규모 행사에 초청하여 설명 듣게 하는 방법을 함께 사용하는 것이 효율적이다.

고객을 초대할 때 유의사항이 있다. 호기심을 심어 주는 것은 좋지만 초대할 욕심으로 초대 취지를 속이거나 초대에 응하도록 강요하지 말아야 하고, 사업설명회의 참석 의무는 없다는 점을 분명히 말해 두어야 한다.

창의적 설명(briefing)

상대방에게 본인의 하는 일의 내용을 설명하면서부터 다단계 영업의 본론에 들어서게 된다. 할 수만 있으면 많은 잠재 고객에게 내 사업을 알린다는 자세를 견지해야 하고, 설명을 할 때마다 결실이 맺어지는 것은 아닌 만큼 일희일비하지 않고 차근차근 실시해 나가야 한다.

⋯ 사업 설명 준비

상대방이 회사를 처음 방문하거나 대면할 때 어색하지 않도록 날씨 이야기 등 가벼운 대화로 분위기를 연출한다.

본격적인 설명에 앞서서 설명의 도입부와 연결될 만한 내용을 언급하는 것이 좋다. 예를 들어 최근 유통의 추세와 흐름에 대한 이야기를 주고받거나 제품의 트렌드에 대해 의견을 나누면서 다단계판매의 방향이나 지향점과 연결시키면 그다음 주제로 자연스럽게 넘어가게 될 것이다.

회사를 소개하는 유인물이나 모니터를 미리 점검해 두어야 하고, 숫자가 등장하는 보상플랜은 따로 준비해 두는 것이 좋다.

··· 호일러의 법칙(Law of Hoiler)

호일러의 법칙은 미국 하버드대학교 경영대학원 호일러 교수가 정리한 것으로서 성공하려면 능력 있는 사람을 지렛대 원리로 활용하라는 것이다.

즉, 나보다 더 능력 있는 사람을 통해 시너지 효과를 높이라는 것이다.

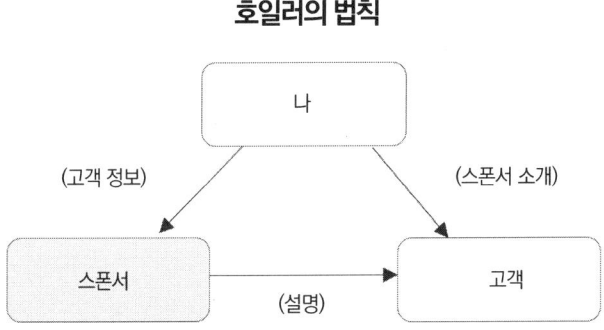

일본 상인들이 세계시장을 개척할 당시 자신의 제품을 판매하기 위해 전문가를 초빙하여 제품의 장점을 설명하게 한 결과 더 많은 판매가 이루어진 현상을 보고 호일러 교수가 정리했다고 한다.

일반적으로 사람은 자신과 비슷한 지식이나 경력을 가진 사람의 말에는 쉽게 설득되지 않는 경향이 있지만, 전문 지식이나 경륜이 있는 사람의 얘기를 들으면 설득력이 높아지고 설명이 객관적인 사실로 전달된다.

이것을 다단계판매에 적용하면 경험 많은 상위 스폰서로 하여금 설명을 대신해 주도록 하는 것이 효율적이라는 것이다. 본인이 직접 설명하지 않고 스폰서가 대신하는 점을 감안하여 스폰서를 대단히 뛰어난 전문가로 미화하여 소개해야 할 필요가 있으며, 후일 본인도 설명하는 위치에 있게 될 것에 대비하여 설명 요령과 방법을 익혀 나가야 한다.

⋯ 창의적인 설명

영업 방식을 설명할 때는 창의적인 노력이 요청된다. 성공적인 설명이라는 말은 들어 보았지만 창의적인 설명이란 무엇을 의미하는 것일까? 곧 주어진 틀을 갖고 회사 입장에서 주입식으로 설명하기보다는 고객의 입장에서 설명할 필요가 있다는 것이다.

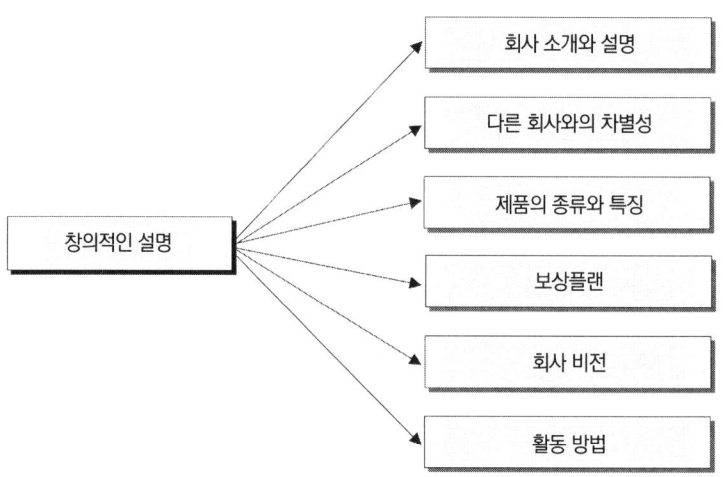

초대받은 고객은 많은 궁금증을 갖고 내방하여 대면하게 되는데 이런 궁금증에 창의적으로 답변해 주고 설명해 주어야 한다.

- 다단계는 꺼려지는데 여기도 다단계하는 곳이 아닌가?
- 어떻게 소비하면서 돈을 벌 수 있다는 것인가?
- 일을 하다가 뜻대로 잘 안되면 어떻게 하지?
- 꼭짓점에 있어야 돈을 번다고 들었는데 맞는 이야기인가?
- 부업으로 할 수 있다면 어떻게 가능한가?
- 몇 사람만 데려다 붙이면 나에게 저절로 수입이 발생한다는 게 맞는가?
- 괜히 시작했다가 주변의 망신만 사는 것은 아닐까?
- 회사가 믿을 만한가? 얼마큼 튼튼하고 안정적인 회사인가?
- 후원수당은 대개 얼마씩 받고 있나?
- 나는 인맥이 별로 없는데?
- 가족들이 기를 쓰고 반대하는데?
- 주위에 다단계로 돈을 벌었다는 사람이 별로 없는데?

비즈니스를 설명할 때 가장 중요한 것은 초대받은 사람의 눈높이에 맞추어 설명하는 것이다. 사람마다 받아들일 수 있는 정보의 한계치가 있으므로 초대받은 사람의 눈높이에 맞추어 설명하여야 한다. 또한 설명하고자 하는 내용을 단락으로 나누는 것이 좋다. 사업 설명의 중심적인 주제는 크게 회사 소개, 본인 회사 다단계판매의 특징과 장점, 다른 회사와 다른 점, 제품의 종류와 특징, 보상플랜, 회사의 비전, 참여 방법과 활동 방법 등인데 회사별로 다를 수 있다.

주력 제품 중에 시연(demonstration)이 가능한 제품이 있는 경우에는 초대받은 사람에게 시연하면 설명의 효과를 키울 수 있다. 일종의 쇼 앤드 텔(show & tell) 기법으로서 특정 제품을 이용하여 특징을 설명하거나 사용법·효과를 보여 주며 설명하는 기법이다. 애플사의 창업자인 스티브 잡스는 제품을 설명할 때 시연을 자주 활용한 것으로 유명하다. 예를 들어 아이팟이 성능에 비해 크기는 작다는 것을 알려 주기 위해 청바지 호주머니에서 꺼내 보이며 작은 크기를 강조했다.

듣기만 할 때는 들은 것의 5분의 1인 20%만 기억하지만 시각적으로 보면서 들을 때에는 무려 50%나 기억한다는 학설도 있다.(Krieger & Hantschel, 1998)

무엇보다 초대받은 상대방을 이해시키고 설득하기 위해 반드시 필요한 것은 설명하는 본인이 그 내용을 해박하게 잘 알고 있어야 한다는 점이다.

스스로 이해하지 못하고 있는 내용을 다른 사람에게 이해시키는 것은 불가능하다.

보상플랜은 때로 난해한 경우가 있으므로 더욱 세심하게 터득해 두어야 한다.

숫자와 통계를 인용하여 설명하는 것도 좋은 방법이 될 수 있다.

유통과 다단계 업계의 통계나 자기 회사만의 자랑이 될 만한 숫자 등을 인용하여 설명하면 효과를 높일 수 있다.

후원과 복제
(reproduction)

예비 회원을 초청하여 창의적인 설명이 이루어지면, 상대방은 다단계 회원으로 가입하게 되고 나의 다운라인이 될 것이다. 초청과 설명이 다단계판매의 출발점이라고 한다면 상대방이 회원으로 가입하고 판매원으로 등록하는 시점은 비즈니스의 시작점이다. 상대방이 자신의 파트너가 되어 조직의 가지가 뻗어 나갈 수 있는 계기가 만들어지기 때문이다.

그러면 회원으로 가입한 파트너가 스스로 알아서 다른 회원을 모집하는 연쇄적 활동을 잘해 나갈 수 있을까? 그렇지 않은 경우가 대부분이다. 그들에게 지속적으로 후원 활동을 해 나가야 하는 이유가 여기에 있다. 자주 미팅할 기회를 갖고 사업에 관해 관심을 갖도록 하고 자신이 활동하는 모습을 보여 주고 자신감과 확신을 갖도록 해야 한다. 수시로 상담하고 도와주어야 한다.

일이 진행되어 나가면서 기대한 만큼 풀려 나가지 않을 수 있다. 여러 시련과 고난에 봉착할 수 있는데 주된 원인은 이 사업이 인간관계를 통해 이루어지다 보니 때로는 상처도 남기기 때문이다. 그때마다 사업 초기에 세웠던 목표를 잊지 말고 상위 스폰서의 도움을 받아 가며 극복해야 한다.

　사업을 확장하는 방법과 사업 파트너를 대하는 방법, 제품 홍보와 교육 방법, 다운라인 후원 방법 등에 관해 부단히 노력하고 습득하여 내 것으로 만들어 나가야 한다.

　이와 같이 보고 듣고 도움받은 내용을 다운라인에게 그대로 따라 하도록 알려 주고 교육시키는 것을 복제(reproduction)라고 한다. 물고기를 잡아 주기보다 잡는 방법을 알려 주는 것과 같은 이치이며, 앞서 이 사업이 잘 진행된 방식을 새로 진입하는 사람들에게 전달해 주고 따라 할 수 있도록 하는 것이다. 고객 명단을 만드는 방법부터 초청, 사업 설명, 후원에 이르기까지의 과정을 시스템화하여 전수해야 한다.

　경영 방식을 분석하여 따라잡는 벤치마킹(bench-marking) 전략과 유사한 개념이라 할 수 있다.

팀워크 리더십

··· 팀과 팀워크(Team, Teamwork)

'팀(Team)'은 어떤 목적을 달성하기 위해 만들어지는 구성원들의 집합체를 떠올리게 한다.

새로운 과업이나 프로젝트(project)를 추진하기 위해 선발된 사람들이 임시로 팀을 이루어 활동하는 TFT(Task Force Team)도 팀의 일종이다.

다단계판매에서도 어느 정도 내공이 쌓이고 다운라인 판매 조직이 눈에 보이게 모양을 갖추어 가면 일종의 팀이 만들어진다. 이 팀과 함께 판매와 후원을 열심히 하면 몇 개의 팀이 더 만들어지고 발전을 거듭할수록 그룹으로 성장하게 된다.

얼른 생각하기에는 이해가 가지 않을 수 있다. 앞에서 살펴본 바와 같이 다단계판매원은 회사에서 부여하는 업무에 종사하는 직원이 아니어서 회사의 명령이나 지시를 받는 종속 관계에 있지 않고 자영업의 성격을 갖고 있다. 지각한다고 야단맞지 않으며 실적이 오르지 않는다고 질책을 받지도 않는다. 정해진 고정급여도 없고 근무시간이 정해져 있지도 않다.

얼핏 퍼스낼리티(personality)가 강하여 판매원들이 서로 팀을 이루는 데 어울리지 않는다고 생각될 것이다. 하지만 다단계판매에서도 팀은 만들어진다. 자신의 스폰서와 다운라인이 어우러져 팀이 될 수도 있고 나와 주변의 파트너 판매원이 팀을 이룰 수도 있으며 다운라인 조직의 리더가 되어 여러 판매 조직을 선도하는 팀장 역할을 할 수도 있다.

일반적으로 적정한 팀원은 3명 내지 5명이라고 하는 사람도 있지만 다단계에서는 일정한 틀이 있을 수 없고 회사마다 보상플랜과 직급 구조에 따라 팀의 구성과 모양이 달라진다고 봐야 한다.

팀원들과 공동의 여러 가지 목표를 달성을 위해 활동하는 것을 팀워크라고 할 때 모름지기 팀의 구성원인 판매원은 서로 협력하며 리쿠르팅 목표와 매출 목표 등의 달성을 위한 활동을 함께 전개해 나가야 한다. 팀워크가 훌륭하면 팀원과 팀 전체의 매출이 향상되고 승급자 배출 속도가 빨라지며 후원수당 수령액도 늘어나는 등 선순환의 길에 접어들게 된다. 그렇지 못하면 시너지가 떨어져 각자도생의 길을 걷게 될 것이다.

팀워크는 판매원 개개인보다는 팀 전체의 발전에 초점을 맞춘다고 볼 수 있지만 그렇다고 해서 판매원별 실적을 등한시하는 것은 아니다. 오히려 판매원 개개인의 발전을 기반으로 팀의 발전을 가져오게 한다.

⋯ 팀워크 리더십(Teamwork Leadership)

'리더십'은 조직을 이끌어 가는 지도자의 능력이나 통솔력을 일컫는다. 다단계판매의 리더십에 관한 여러 자료에도 이와 유사한 뜻으로 사용하고 있다.

하지만 이 책에서 말하고자 하는 다단계판매에서의 리더십은 '팀워크 리더십'이어야 하고 팀워크를 극대화하는 리더십이어야 한다는 점이다.

다단계판매에 있어서의 팀워크는 회사 지침에 의한 과업이나 프로젝트를 테마로 활동하지 않고 오로지 팀의 실적 향상을 지향한다. 나이와 성별, 사회 경력이 다르고 개성도 제각각인 판매원들이 팀을 이루게 되어 어떤 조직보다 팀워크가 중요시된다. 팀원과 수평적으로 호흡하며 커뮤니케이션을 강화해 나가는 리더십이어야 하는 이유가 여기에 있다.

다단계 '팀워크 리더십'은 어떤 방법으로 실천하는 것이 효율적일까? 몇 가지 방법론을 제시한다.

1. 신뢰감 조성

가정이든 직장이든 사업이든 관계되는 사람끼리 서로 신뢰하지 못하면 성과를 내기 어렵다는 것은 불문가지(不問可知)이다. 다단계 팀워크에서도 마찬가지로 작용한다. 팀 내 판매원 간의 신뢰감을 조성하는 것이 팀워크 리더십의 핵심이다.

구성원을 실적의 높고 낮음이나 나이, 성별, 외모로 선입견을 갖고 대하지 않아야 하고 끈끈한 신뢰감을 기반으로 개인의 목표가 모아서 팀의 목표를 달성하는 데 한마음이 되도록 리더십을 발휘해야 한다. 오픈 마인드로 많은 대화와 소통을 하는 것이 신뢰감을 높이는 데 도움이 될 것이다.

2. 팀원과 팀의 목표 설정

목표는 '전달'하기보다 '공유'해야 한다.

리더 혼자 목표를 정하는 것을 지양(止揚)하고 팀을 구성하는 판매원들과 함께 정하는 방법을 채택할 때 달성 의욕이 높아지게 된다. 명확한 목표를 협력하여 달성해 나가는 것이 중요하다. 이달의 후원 목표, 매출 목표, 미팅 목표 등이 명확해야 하고 달성 가능한 것보다 조금 높게 설정하는 것이 동기부여에 도움이 될 것이다.

3. 역할 분담

스폰서와 파트너 간에 강점을 가진 분야가 무엇인지를 분석하고 개개인의 역량을 강화하도록 하는 데 역할 분담의 포커스를 맞추어야 한다. 단점은 가려 주고 장점을 부각하는 방향으로 역할을 주고받는 것이 중요하다.

4. 소통 강화(communication)

팀워크 리더십을 실천하는 과정에 항상 좋은 일만 있는 게 아니다. 목표 달성을 위한 여러 활동 중에 갈등이 있을 수 있고 서로의 생각에 관점의 차이로 인해 오해를 불러올 수도 있다. 팀 내 판매원 간의 상황과 여건을 배려하며 자주 소통하고 경청하는 리더십을 발휘해야 한다.

5. 교육능력 심화(education)

다른 분야와 달리 다단계에서는 교육 능력이 중시된다. 판매원의 후원과 육성을 위해 여러 각도에서 효율적인 교육이 뒷받침되어야 하기 때문이다. 제품교육뿐만 아니라 회사의 정책에 대한 교육, 프로모션 교육 등에 대한 능력을 심화시켜 나가야 한다.

6. 피드백(feedback)

피드백을 하는 가장 큰 목적은 개선 방안을 찾고자 하는 것이지만 잘못 적용하면 오해할 수 있으므로 주의해야 한다. 좀 더 잘할 수 없었는지, 실적이 정체된 원인은 무엇인지 등을 마음을 터놓고 분석하는 것이 중요하다. 또한 피드백 이후에는 대응방안을 즉시 실천에 옮기는 것이 좋다. 피드백의 열기가 식지 않도록 해야 한다.

이 밖에도 팀워크 리더십은 긍정적인 에너지를 쉼 없이 불어넣는 노력도 병행해야 한다. 긍정적 생각은 긍정적 결과를 가져다준다.

⋯ 팀워크 리더십의 편견

팀워크 리더십이 제 역할을 발휘하기 위해서는 편견을 잠재워야 한다. 알게 모르게 배어 나오는 편견을 관리하지 않으면 팀워크 리더십이 외형적으로만 그럴싸하게 보일 뿐 내실을 기할 수 없게 될 것이다. 네 가지 경우로 설명한다.

• 확증 편향을 갖지 않도록 해야 한다

팀워크 리더십의 가장 큰 편견 중 하나는 "내가 생각하는 것이 가장 옳다."라는 것이다. 이것을 스스로 소신이라 표현하기도 하고 경험에서 나온 객관적 판단이라고 여기는 위험성을 내포하고 있으며 의사결정을 잘못된 방향으로 이끌 수 있으므로 각별히 유의해야 한다.

• 고정관념은 꿈에서도 보지 말아야 한다

팀원에 대한 고정관념, 후원 방식에 대한 고정관념, 제품에 대한 고정관념 등 모든 고정관념은 변화에 장막을 치는 일이다. 또한 사람이나 사물을 과소평가하거나 과대평가하게 만들므로 경계해야 한다.

• 부정적 편향에서 벗어나야 한다

대부분의 사람들은 안정을 추구하기 때문에 어떤 일을 마주할 때 일단 부정하고 바라본다. 이것이 지나쳐 부정적인 정보에 더 많은 점수를 매기는 누를 범해서는 안 된다. 객관화하는 데 방해가 될 뿐이다.

• 유사 편향도 조심해야 한다

본인과 비슷한 생각을 갖고 있는 사람에게 다른 사람보다 우호적으로 대하거나 출신 지역이나 성별, 나이, 성격이 유사하지 않으면 상대적으로 낮게 바라보는 시각을 가져서는 안 된다.

Multi-Level Marketing

맺음말

맺음말

　인생의 긴 그림을 그려 가며 도전하고 실패를 고쳐 가는 것은 20대가 가진 특권이지만, 실패는 최소화하고 할 수만 있다면 피해야 한다.
　어떤 선택을 하는지는 오로지 여러분의 몫이다. 시대의 패러다임이 바뀜에 따라 소비 형태를 다단계로 바꾸는 것만으로 후원수당을 지속적으로 받을 수 있다는 견해에 믿음이 가면 다단계판매를 선택하면 될 것이다. 자기 발전을 기해 나갈 수 있고 꿈을 실현하는 데 제격이라고 생각되면 다단계판매는 해 볼 만한 분야이다.
　최상위 0.15%까지는 오르지 못해도 열심히 하면 연금처럼 후원수당을 받고 광범위한 인적 인프라도 구축해 나갈 수 있을 것으로 마음에 와 닿으면 다단계판매의 기회를 놓치지 말아야 한다.
　그것이 꼭 그렇지는 않은 것 같다면 좀 더 많은 정보를 수집해 보아야 한다. 좀 더 조사해 보고 조언도 들어 볼 필요가 있다.
　이 책이 20대 여러분의 판단에 조금의 도움이 되었으면 하는 바람을 전한다.
　인생은 아름답다. 좋은 선택으로 여러분의 삶이 언제나 아름답게 빛나길 기원한다.

Multi-Level Marketing

부록

부록

⋯ 다단계판매 용어

극점	후원수당이 지급 상한선을 초과하지 않도록 하는 장치 또는 장치를 만드는 일
다운라인(down-line)	업라인과 반대되는 말
레그(leg)	판매 조직의 짜임새 또는, 판매 라인이나 판매 그룹
마케팅플랜(marketing plan)	일명 보상플랜, 후원수당 지급규정 또는 지급체계
랠리(rally)	비교적 규모가 큰 집회 또는 판매원이 달성한 실적을 축하해 주는 모임
롤업(roll-up)	상위 라인에 후원수당을 올려 주는 방식
리쿠르팅(recruiting)	예비 판매원을 물색하거나 찾는 일
보상플랜	통상적으로 마케팅플랜과 동의어
스폰서(sponsor)	상위판매원이 자신을 후원해 주는 일이나 행위
압축	실제 활동하지 않는 판매원을 건너뛰거나 제외시키는 일
업라인(up-line)	자신을 중심으로 상위에 있는 판매원이나 추천인 또는 판매 조직
오토십(Autoship)	정기구독의 의미를 담고 있으며 때가 되면 자동으로 제품을 구매하는 것
직급	판매 조직의 매출 실적에 따라 부여받는 여러 등급
컨벤션(Convention)	사업설명회나 시상식 등의 대규모 행사
테이블미팅	집이나 카페, 작은 사무실 등에서 판매나 영업에 관해 설명하는 일
티업(tee up)	골프에서 공을 티에 올려놓는 일을 말하는데 다단계에서는 상위판매원을 치켜세워 주는 일

티오프(tee off)	공을 처음으로 치는 것인데 다단계판매에서는 강의를 위해 강단에 서는 행위 또는 강의나 행사, 영업을 시작하는 것
파트너(partner)	동료 판매원을 일컫지만 주로 자신의 하위 레그를 지칭
팔로우업(Follow-up)	고객을 관리하는 활동, 주로 후속 조치를 취하는 일
플러싱(Flushing)	실적을 초기화하는 것
핀 레벨(Pin Level)	직급을 핀으로도 부르며, 핀 레벨이 높으면 직급이 높음을 의미
후레시아웃 (Flush-Out)	매출 실적이 일정한 조건을 채우지 못하면 부분적으로 매출 실적을 이월시키지 않고 삭제하는 것
후원 수당	가동된 판매 조직의 실적에 따라 산정되는 수당
PV(Point Value)	실적이나 제품 가격에 부여되는 점수, 후원수당 산정의 기준이 됨
BV (Business Volume)	주로 본인이 속한 팀의 실적을 나타냄
CV (Commission Volume)	PV와 비슷한 용어, 후원수당 산정의 기준이 되는 점수

··· 참고자료

공정거래위원회 보도자료: 2023년도 다단계판매업자 주요정보 공개, 2024. 7. 30.
기획재정부, 시사경제용어사전: '블루오션·폰지게임', 2020. 11. 3.
소비자 권익 보호, 경제)공정경제)공정경제 사업, 서울특별시, 2021.
식품의약품안전처, 2021년 상반기 백신 산업 최신 동향집, 2021. 10. 22.
알기 쉬운 생활법령정보(다단계판매), 법제처, 2021. 6. 15.
특수판매에서의 소비자보호 지침, 공정거래위원회 예규 제235호, 2015. 10. 23.

고은지, 무늬만 방문판매…서울시, 불법 다단계업체 3곳 적발, 연합뉴스, 2023. 8. 30.
구자홍, 왜 사람들은 사기에 잘 걸려드나 "男은 '욕망', 女는…", 주간동아 1162호, 2018. 11. 3.
김정우, 다단계판매 30년, 이미지 개선 "갈 길 멀다", 넥스트이코노미, 2021. 1. 21. (www.nexteconomy.co.kr)
김맹근, [4차산업 헬스케어⑪] 글로벌 "디지털 헬스케어" 시장 동향, 디지털비즈온, 2022. 5. 16. (www.digitalbizon.com)
김한천, 네트워크 비즈니스 보상시스템에 관한 비교연구, 碩士學位論文, 2006. 12.
맹진규, 스페이스X 몸값 1000억달러…상장 속도내나, 한경글로벌마켓, 2021. 10. 10.
두영준, 벼랑 끝 중장년, 다단계서 취업 기회 잡는다, 한국마케팅신문, 2021. 8. 27. (www.mknews.kr/view?no=34194#none)
박동민, "코인에 투자하면 132% 수익"…전국구 다단계 사기단, 매일경제, 2023. 10. 30. (www.mk.co.kr)
신호철, 빌 게이츠가 다단계 찬양?, 시사저널, 2006. 6. 5. (www.sisajournal)
유동길, 국제통화기금, 가상화폐 정책 대응 핵심 요소 발표, 경향게임스, 2023. 2. 27. (www.khgames.co.kr)
이선애, [시시비비]코인 사기 '무지와 탐욕 탓만 할 것인가", 아시아경제, 2024. 8. 12. (www.asiae.co.kr)
이성민, 한국 다단계의 합법속의 불법, 국제뉴스 2016. 7. 6.
이정원, 2조원대 코인 다단계… 30대 대표는 교주처럼 받들어졌다, 한국일보, 2023. 2. 6. (www.hankookilbo.com)
장진복, "BTS·뽀로로 투자상품"…1300억원대 '코인 불법다단계' 적발, 서울신문, 2022. 2. 24. (www.seoul.co.kr)
정준기, 검찰, '5000억대 유사수신' 혐의 와콘 대표 구속 기소, 한국일보, 2024. 8. 11. (www.hankookilbo.com)
최예린, 최예린의 사기꾼 피하기, 한국경제, 2021. 11. 6.
최재현, 월급쟁이 평균 연봉 4214만원…['부의 쏠림] 더 심해졌다, 서울신문, 2024. 2. 9.
홍석희, '빈익빈 부익부'의 증거… 법인세, 상위 10%가 전체 97% 부담, 헤럴드경제, 2021. 10. 18.

홍정민, 「다단계 오해 푸는 '직접판매공제조합'」, 한국공제보험신문, 2022. 3. 25. (www.kongje.or.kr/news/articleView.html?idxno=2064)

로버트 기요사키, 안진환 역, 부자 아빠 가난한 아빠, 민음인, 2022. 10. 28.
백미숙, 스피치로 승부하라, 교보문고, 2013. 1. 25.
백욱인, 네트워크와 사회문화, 커뮤니케이션북스, 2013. 2. 25.
정희상·한빛, 팩트와 권력, 은행나무, 2019. 6. 13.
클라우스 슈밥, 송경진 역, 클라우스 슈밥의 제4차 산업혁명, 메가스터디북스, 2016. 4. 20.
하이디 토플러·엘빈 토플러, 김중웅 역, 앨빈 토플러 부의 미래, 청림출판, 2022. 6. 22.

··· 참고 웹사이트

공정거래위원회: www.ftc.go.kr
금융감독원: www.fss.or.kr
보건복지부: www.mohw.go.kr
직접판매공제조합: www.macco.or.kr
한국특수판매공제조합: www.kossa.or.kr